HOSSFELD'S SPANISH DIALOGUES, AND IDIOMATIC PHRASES INDISPENSIBLE FOR A RAPID ACQUISITION OF THE SPANISH LANGUAGE

This edition published by Lector House in 2024

ISBN: 978-93-5800-894-4

Lector House LLP
Registered Office: H. No. 96, Block C, Tomar Colony,
Burari, Delhi – 110084, India
info@lectorhouse.com
www.lectorhouse.com

HOSSFELD'S SPANISH DIALOGUES, AND IDIOMATIC PHRASES INDISPENSIBLE FOR A RAPID ACQUISITION OF THE SPANISH LANGUAGE

C. HOSSFELD,
WILLIAM N. CORNETT

2024

LECTOR HOUSE LLP

HOSSFELD'S POCKET MANUALS.

HOSSFELD'S SPANISH DIALOGUES, AND IDIOMATIC PHRASES INDISPENSABLE FOR A RAPID ACQUISITION OF THE SPANISH LANGUAGE

BY

W. N. CORNETT

New Edition, Entirely Revised and Enlarged

Preface.

The aid of a reliable book of dialogues in the study of a language cannot be overestimated, and it is with a view to further increasing the usefulness in this respect of the present work that it has been thoroughly revised, and a number of important changes made in it. The pages on Spanish pronunciation have been re-written and augmented, as have also those on the verbs, and numerous additions have been made to the vocabularies, several of which have also been rearranged. As in the new editions of the French and other dialogues of the series, idioms and proverbs, alphabetically arranged, have been substituted for less useful matter, and some aids are given to letter-writing, but for a full treatment of this latter subject those interested are referred to special works dealing with it issued by the same publishers.

The above changes, together with others of a minor character, but which bring the work right up to date, will, it is felt, be appreciated by all desirous of acquiring a good conversational knowledge of the Spanish language.

Wallasey. W. N. CORNETT.

Contents

PART II. (SEGUNDA PARTE.) USEFUL PHRASES. (FRASES ÚTILES.)

Remarks on Pronunciation.
(Sobre la Pronunciación)

The Spanish Alphabet.

The Spanish Alphabet consists of **28** letters:

A a ah	**J j** [1]hotah	**R r** ereh (or erreh)
B b beh	**K k** kah	**S s** esseh
C C theh	**L l** elleh	**T t** teh
Ch ch cheh	**Ll ll** elyeh	**U u** oo
D d deh	**M m** emmeh	**V v** veh
E e eh	**N n** enneh	**X x** ehkis
F f effeh	**Ñ ñ** enyeh	**Y y** yeh (or ee gree-eh´gah)
G g [2]heh	**O o** oh	**Z z** thehtah
H h acheh	**P p** peh	
I i ee	**Q q** coo	

The letter *k* occurs only in words of foreign origin.

The vowels are: *a*, *e*, *i*, *o*, *u*. The letter *y* is a vowel also at the end of a word, as in *rey*, king, and in the conjunction *y*, and.

Accents and Signs.

The acute accent (´) is the only one now in use in Spanish, and it serves to indicate the syllable on which stress is to be laid. It marks departures from the rule that words of two or more syllables ending in a vowel or *n* or *s* are stressed on the last syllable but one, and those ending in a consonant (except *n* and *s*), on the

[1] throat aspirate.

[2] A throat aspirate.

final syllable. It is used also to distinguish between words of the same spelling but different meanings, and is placed over the preposition *a*, and the conjunctions *e*, *o* and *u*, when emphasised. The conjunction *o* must always be accented when used with figures.

Formerly, the grave accent (`) and the circumflex (^) were also in use in Spanish, all three accents being used indiscriminately to indicate the stressed syllable. The circumflex was used also on the vowel following *ch* and *x* in old Spanish spelling, to indicate that these letters were to be pronounced like *k* and *ks* respectively.

The diæresis (¨) is placed over the *u* in the syllables *gue* and *gui* when the *u* is to be pronounced, as in the words *agüero*, omen; *argüir*, to argue.

The hyphen (-) is used at the end of a line to connect the syllables of a divided word. It is also used in a few compound words.

The tilde (~) is used over the letter *n* only, and gives that letter a sound very similar to that of *ni* in the English word *opinion*.

It was originally a sign of abbreviation, and indicated the omission of an *m* or *n*.

The interrogation (?) and exclamation (!) marks are used before and after the sentence in Spanish, being inverted (¿ ¡) when preceding.

Other punctuation marks are used as in English.

Pronunciation of the Vowels.

Note.—Spanish vowels have each one sound only, but this sound is influenced by accent or stress, the emphasised vowel being naturally longer or fuller than the same vowel when not emphasised.

a is sounded like *a* in *far* or in *fat*: *mar*, sea; *sal*, salt;

e like *a* in *mate*, or *e* in *met*: *mesa*, table; *venta*, sale;

i like *i* in *marine* or in *pin*: *mina*, mine; *fin*, end;

o like *o* in *note* or in *not*: *cono*, cone; *con*, with;

u like *u* in *rule* or in *full*: *luna*, moon; *mundo*, world.

y, as a vowel, has the same sound as *i*: *muy*, very; *ley*, law.

Compound Vowels.

These consist of combinations formed with the strong vowels *a*, *e*, *o*, each of which, when they meet, is pronounced as forming a separate syllable:

ae, **ao**, as in *faena*, task; *nao*, ship.

ea, eo, as in *correa*, strap; *empleo*, employment.

oa, oe, as in *loa*, praise; *poema*, poem.

Diphthongs.

These are formed by combining one of the strong vowels, *a*, *e*, *o*, with one of the weak vowels, *i*, *u*, or by a combination of the two weak vowels alone. In the former the stress falls on the strong vowel, and in the latter on the second;

ai (ay), au, as in *aire*, air; *causa*, cause;

ei (ey), eu, as in *seis*, six; *neutro*, neuter;

ia, ie, io, iu, as in *diario*, daily; *viuda*, widow;

oi (oy), ou, as in *boina*, cap; *bou*, fishing-boat;

ua, ue, ui (uy), uo, as in *agua*, water; *ruido*, noise.

Triphthongs.

These are a combination of the two weak vowels with one of the strong ones:

iai, iei, as in *apreciáis*, ye appreciate; *apreciéis* (that) ye appreciate;

uai, uei, as in *averiguáis*, ye verify; *averigüéis,* (that) ye verify.

Pronunciation of the Consonants.

The following letters are pronounced generally as in English: *b*, *d*, *f*, *k*, *l*, *m*, *n*, *p*, *r*, *s*, *t*, *v*, *x* and *y* (consonant). It should, however, be noted that the *b* is slightly softer than in English, as is also the *d* at or towards the end of a word; that the *r* is always trilled, the *s* always hissed, and the *t* pronounced close to the teeth.

c before *a*, *o*, *u*, and before a consonant, is pronounced like *k*: *capa*, cape; *crema*, cream: before *e* and *i* it has the sound of *th* in *bath*: *cera*, wax; *cima*, summit.

ch is always sounded like *ch* in *check*: *coche*, carriage; *ocho*, eight.

g before *a*, *o*, *u*, and before a consonant, is pronounced like *g* in *go*: *goma*, gum; *grano*, grain: before *e* and *i* it is sounded like *h* strongly aspirated in the throat: *gente*, people; *gitano*, gipsy. The pronunciation of *gua* is *gwah*: *guante*, glove; *guardia*, guard; and *gue* and *gui* are sounded as in *guess* and *guild*, respectively: *guerra*, war; *guitarra*, guitar; but *güe* and *güi* are pronounced *gweh* and *gwee*: *vergüenza*, shame; *lingüista*, linguist.

h is always silent: *harina*, flour; *anhelo*, eagerness.

j has always the same sound as that given to *g* before *e* and *i*: *jabón*, soap; *hoja*, leaf.

ll has a sound very similar to that of *lli* in *million*: *llave*, key; *tallo*, stalk.

ñ is sounded like *ni* in *minion*: *cuña*, wedge; *daño*, damage.

q is always followed by *u*, the two together being sounded like *k*: *quedo*, quiet; *quinto*, fifth.

z has the same sound always as that of *c* before *e* and *i*: *zarza*, bramble; *zona*, zone.

Articulation.

In Spanish, every syllable is pronounced, and every stressed or accented syllable is strongly emphasised. Every vowel, also, is given its proper sound, generally, as in the alphabet, a shorter or weaker sound, as when unaccented or unstressed, being the principal variation. The only silent letters in ordinary speech are the consonant *h*, and the vowel *u* in the combinations *gue*, *gui*, *que*, *qui*; but, colloquially, several other letters are either silent, or nearly so, in certain positions; as, for example, *b* before *sc* or *st*; *d* at or towards the end of a word, especially in the word *usted* (you); *n* in *trans*, principally before a consonant; and *p* before *t*. Spanish articulation is somewhat more emphatic than English, especially towards the end of a sentence.

HOSSFELD'S

SPANISH DIALOGUES	DIÁLOGOS ESPAÑOLES

Part I. (Primera Parte.)

Words of Frequent Occurrence. (Palabras De Uso Frecuente.)

ENGLISH. INGLÉS.	**ESPAÑOL. SPANISH.**
The Days of the Week.	***Los Días de la Semana.***
Sunday	Domingo
Monday	Lunes
Tuesday	Martes
Wednesday	Miércoles
Thursday	Jueves
Friday	Viernes
Saturday	Sábado

The Months.	***Los Meses.***
January	Enero
February	Febrero
March	Marzo
April	Abril
May	Mayo
June	Junio
July	Julio
August	Agosto
September	Setiembre

October	Octubre
November	Noviembre
December	Diciembre

Division of Time.	*División del Tiempo.*
a century	un siglo
a year	un año
last year	el año pasado
next year	el año próximo
the coming year	el año que viene
leap year	el año bisiesto
a month	un mes
a fortnight	una quincena, quince días
a week	una semana, ocho días
last week	la semana pasada
next week	la semana próxima
a day	un día
an hour	una hora
an hour and a half	hora y media[3]
half an hour	media hora
a quarter of an hour	un cuarto de hora
a minute	un minuto
a second	un segundo
the morning	la mañana
noon, midday	mediodía
forenoon	mañana
afternoon	tarde
the evening	la tarde
the night	la noche
midnight	medianoche
to-day	hoy
yesterday	ayer
to-morrow	mañana

[3] In this and similar expressions the article is omitted in Spanish; as: a pound and a half, *libra y media*; a yard and a half, *vara y media*; eighteen-pence, *chelín y medio*, etc.

the day before yesterday	anteayer
the day after to-morrow	pasado mañana
in the morning	por la mañana
in the evening	por la tarde
in olden times	en otros tiempos
in our times	en nuestros días
at all times	en todos los tiempos
time to come	lo futuro, lo venidero
from this time	desde ahora, desde hoy en adelante
from time to time	de cuando en cuando
in good time	a tiempo, a buena hora

Seasons and Special Days.	***Las Estaciones y Días de Fiesta.***
Spring	la primavera
Summer	el verano
Autumn	el otoño
Winter	el invierno
New-year's day	día de año nuevo
Shrove Tuesday	Martes de carnestolendas
Carnival	Carnaval
Ash Wednesday	Miércoles de ceniza
Lent	Cuaresma
Good Friday	Viernes Santo
Easter	Pascua
Whitsuntide	Pentecostés
Midsummer day	día de San Juan
Christmas	Navidad
Bank holiday	día de fiesta.
holidays	las vacaciones
birthday	el cumpleaños
an anniversary	un aniversario

Man and Relationship.	*El Hombre y el Parentesco.*
a man	un hombre
a woman	una mujer
a boy	un muchacho
a girl	una muchacha
the children	los niños
an old man	un viejo, un anciano
an old woman	una vieja, una anciana
a young man	un joven
a young woman	una joven
the young people	los jóvenes
a married man	un casado
a married woman	una casada
a bachelor	un soltero
a spinster	una soltera
a widower	un viudo
a widow	una viuda
an orphan	un huérfano, una huérfana
birth	el nacimiento
death	la muerte
infancy	la infancia, la niñez
youth	la juventud
manhood	la virilidad
of age	mayor de edad
under age	menor de edad
old age	la vejez
sex	el sexo
the stern sex	el sexo feo
the fair sex	el bello sexo
matrimony, marriage	el matrimonio
the family	la familia
the father	el padre
the mother	la madre
the parents	los padres
the relations	los parientes

the grandfather	el abuelo
the grandmother	la abuela
the great-grandfather	el bisabuelo
the great-grandmother	la bisabuela
the stepfather	el padrastro
the stepmother	la madrastra
the godfather	el padrino
the godmother	la madrina
the son	el hijo
the daughter	la hija
the grandson	el nieto
the grand-daughter	la nieta
the step-son	el hijastro
the step-daughter	la hijastra
the godson	el ahijado
the god-daughter	la ahijada
the brother	el hermano
the sister	la hermana
the twins	los gemelos
the uncle	el tío
the aunt	la tía
the nephew	el sobrino
the niece	la sobrina
the cousin	el primo, la prima
the first cousin	el primo hermano
the husband	el marido, el esposo
the wife	la mujer, la esposa
a father-in-law	un suegro
a mother-in-law	una suegra
a son-in-law	un yerno
a daughter-in-law	una nuera
a brother-in-law	un cuñado
a sister-in-law	una cuñada
forefathers	los abuelos
ancestors	los antepasados

offspring	los descendientes

The State, Dignities, etc.	***El Estado, Dignidades, etc.***
the state	el estado
the statesman	el estadista
the empire, imperial	el imperio, imperial
the kingdom, royal	el reino, real
the republic, republican	la república, republicano
the principality	el principado
the nation	la nación
the country	el país
the province	la provincia
the county	el condado
the city, town	la ciudad
the ward, district	el barrio
the suburb	el arrabal
the village	la aldea
the emperor	el emperador
the empress	la emperatriz
the king	el rey
the queen	la reina
the president	el presidente
the prince	el príncipe
the princess	la princesa
the duke	el duque
the duchess	la duquesa
the count, earl	el conde
the countess	la condesa
the viscount	el vizconde
the viscountess	la vizcondesa
the marquis	el marqués
the marchioness	la marquesa
the baron	el barón
the baroness	la baronesa

the viceroy	el virrey
the governor	el gobernador
the authorities	las autoridades
parliament	el parlamento[4]
a member of parliament	un miembro del parlamento
the government	el gobierno
the ministry	el ministerio
a minister	un ministro
the embassy	la embajada
the legation	la legación
an ambassador	un embajador
the consulate	el consulado
a consul	un cónsul
the mayor	el alcalde
the police	la policía
a policeman	un policía, un municipal
the inhabitants	los habitantes
a citizen	un ciudadano
justice	la justicia
the court of justice	el tribunal
the judge	el juez
the jury	el jurado
the magistrate	el magistrado
the justice of the peace	el juez de paz
the laws	las leyes
the lawyer	el abogado
the trial	el proceso, la causa
the lawsuit	el pleito, el proceso
the judgment	el fallo, el juicio,
the verdict	el veredicto
the sentence	la sentencia
the prison	la cárcel
the prisoner	el preso, el detenido

[4] In Spain, parliament is called *las Cortes*, and a member of parliament *un diputado a Cortes*.

education	la educación, la instrucción
study	el estudio
the university	la universidad
the professor	el profesor, el catedrático
the school	la escuela
the teacher	el maestro, la maestra
the student	el estudiante
the scholar	el discípulo
business	los negocios
the business-house, the firm	la casa de comercio, la firma
the merchant	el comerciante
the clerk	el dependiente
merchandise, goods	las mercancías, los géneros
banking	la banca
the bank	el banco
the banker	el banquero
trade	el comercio
taxes	los impuestos
the custom-house	la aduana
customs	los derechos de aduana

The Army.	*El Ejército.*
infantry	la infantería
cavalry	la caballería
artillery	la artillería
the engineers	los ingenieros
a division	una división
a brigade	una brigada
a regiment	un regimiento
a battalion	un batallón
a company	una compañía
a squadron	un escuadrón
the commander-in-chief	el generalísimo, el capitán general
the general	el general

the lieutenant-general	el teniente-general
the major-general	el mariscal de campo
the colonel	el coronel
the lieutenant-colonel	el teniente-coronel
the major	el comandante
a captain	un capitán
a lieutenant	un teniente
the adjutant	el ayudante
the sergeant-major	el sargento primero
a sergeant	un sargento
a corporal	un cabo
an officer	un oficial
a soldier	un soldado
the staff	el estado mayor
the ranks	las filas
a sentinel, sentry	un centinela
the colours	la bandera
the uniform	el uniforme
the arms	las armas
a gun	un fusil
a bayonet	una bayoneta
a sword	una espada
a pistol	una pistola
a cannon	un cañón
a cannon-ball	una bala de cañón
a bullet	una bala
a cartridge	una cartucha
powder	la pólvora
a bomb	una bomba
war	la guerra
peace	la paz
the treaty	el tratado
the fortress	la fortaleza
the garrison	la guarnición
the barracks	el cuartel

the walls	los muros, las murallas
the trenches	las trincheras
the battle	la batalla
the victory	la victoria

The Navy.	*La Marina.*
the fleet	la flota
a vessel	un buque, un navío
a man-of-war	un buque de guerra
a merchant ship	un buque mercante
an ironclad	un acorazado
a cruiser	un crucero
a gunboat	un cañonero
a torpedo-boat	un torpedero
a destroyer	un destructor
a submarine	un submarino
a transport	un transporte
a privateer	un corsario
the flag	la bandera
a steamer	un vapor
a tug-boat, steam-tug	un remolcador
to tow	remolcar, llevar a remolque
to take in tow	tomar a remolque
a ferry-boat, river steamer	un bote de pasaje, vapor de río
a launch	una lancha
a yacht	un yate
a barge	una gabarra
a boat	un bote
a boatman	un botero
the oars	los remos
the sails	las velas
to sail, to set sail	salir; hacerse a la mar (a la vela)
the anchor	el ancla
the anchorage	el ancladero

to anchor	anclar
to drop anchor	dar fondo
to weigh anchor	levar el ancla
on board	a bordo
the ship's hold	la bodega
the fore-hold	la bodega de proa
the after-hold	la bodega de popa
a cabin	una cámara
water-level	el nivel de agua
water-line, load-line	la linea de carga, de flotacíon
cargo	la carga (a cargo, *un cargamento*)
ballast	el lastre
the bill of lading	el conocimiento
the charterers, freighters	los fletadores
to charter (freight) a vessel	fletar un buque
the admiral	el almirante
the vice-admiral	el vicealmirante
the rear-admiral	el contraalmirante
the captain	el capitán
the lieutenant	el teniente
the ensign	el alférez
the midshipman	el guardiamarina
the seaman	el marinero
the crew	la tripulación
a pilot	un práctico
a lighthouse	un faro
the port	el puerto

Religion.	***La Religión.***
the catholic religion	la religión católica
catholicism	el catolicismo
protestantism	el protestantismo
a catholic	un católico
a protestant	un protestante

a Jew	un judío
the cathedral	la catedral
the church	la iglesia
the chapel	la capilla
the temple	el templo
the synagogue	la sinagoga
the synod	el sínodo
divine service	el culto divino
the holy Scriptures	las Sagradas Escrituras
the Bible	la Biblia
the Pope	el Papa
the cardinal	el cardenal
the archbishop	el arzobispo
the bishop	el obispo
the dean	el deán
the archdeacon	el archidiácono
the canon	el canónigo
the priest	el sacerdote, el cura
a parish priest	un cura párroco
a clergyman	un clérigo
a curate	un cura
a minister	un ministro
a chaplain	un capellán
a deacon	un diácono
a sexton	un sacristán
the mission	la misión
the missionary	el misionero
the sermon	el sermón
the preacher	el predicador
the monastery	el monasterio
the monk	el monje, el religioso
the convent	el convento
the nun	la monja, la religiosa
the sin	el pecado
penance, penitence	la penetencia

a saint	un santo, una santa

Arts and Sciences.	*Artes y Ciencias.*
art	el arte
an artist	un artista
science	la ciencia
a scientist	un científico
aeronautics	la aeronáutica
an aeronaut	un aeronauta
an aeroplane	un aeroplano
a balloon	un globo
an airship	un dirigible
analysis	el análisis
an analyst	un analista
archæology	la arqueología
an archæologist	un arqueólogo
architecture	la arquitectura
an architect	un arquitecto
a building	un edificio
astronomy	la astronomía
an astronomer	un astrónomo
the sun	el sol
the moon	la luna
the stars	las estrellas
the sky	el cielo
botany	la botánica
a botanist	un botánico
chemistry	la química
a chemist (analytical)	un químico
a chemist (pharmaceutical)	un farmacéutico, un boticario
a doctor	un médico
chemical substances	sustancias químicas
engineering	la ingeniería
an engineer	un ingeniero

geography	la geografía
a geographer	un geógrafo
geometry	la geometría
a geometrician	un geómetra
grammar	la gramática
a grammarian	un gramático
history	la historia
a historian	un historiador
linguistics	la lingüística
a linguist	un lingüista
a polyglot	un políglota
an interpreter	un intérprete
a teacher of languages	un profesor de lenguas
the language	la lengua, el idioma
literature	la literatura
a literary man	un literato
an author	un autor
a writer	un escritor
a work	una obra
the classics	los clásicos
lithography	la litografía
a lithographer	un litógrafo
mathematics	las matemáticas
a mathematician	un matemático
mechanics	la mecánica
a mechanician	un mecánico
mineralogy	la mineralogía
a mineralogist	un mineralogista
music	la música
a musician	un músico
painting	la pintura
a painter	un pintor
a picture	un cuadro
philosophy	la filosofía
a philosopher	un filósofo

physics	la física
a physicist	un físico
poetry	la poesía
a poet	un poeta
printing	la imprenta
a printer	un impresor
prints	estampas
types	tipos
prose	la prosa
a prose-writer	un prosista
sculpture	la escultura
a sculptor	un escultor
a statue	una estatua
the stage	el teatro
an actor	un actor
an actress	una actriz
a comedian	un comediante
a comedienne	una comedianta
a tragedian	un trágico
a tragedienne	una trágica
a dancer	un bailarín
a danseuse	una bailarina
a singer	un cantor, una cantora
the theatre	el teatro
the comedy	la comedia
the drama	el drama
the tragedy	la tragedia
the opera	la ópera
the musical play	la zarzuela
the pantomime	la pantomima
the ballet	el baile, el bailable
the performance	la función, la representación
to perform	representar
teaching	la enseñanza, la instrucción
a teacher	un maestro, una maestra

theology	la teología
a theologian	un teólogo
translation	la traducción
a translator	un traductor
weaving	el tejido
a weaver	un tejedor

Commerce.	***Comercio.***[5]
trade	el comercio, los negocios
trade-mark	marca de fábrica
trade-price	precio de fábrica
foreign trade	el comercio exterior
home trade	el comercio interior
the acceptance	la aceptación
the account	la cuenta
account books	libros de cuentas
account current	cuenta corriente
to settle an account	saldar una cuenta
an agent	un agente
a bank	un banco
a banker	un banquero
banking	la banca
bankruptcy	la bancarrota, la quiebra
a bankrupt	un quebrado, un fallido
to go bankrupt	quebrar
a bill of exchange	una letra de cambio
a bill at sight	una letra a la vista
at three months' sight	a tres meses vista
due date	el vencimiento
falling due ...	venci endo ...
to accept a bill	aceptar una letra
to discount a bill	descontar una letra
to draw a bill on someone	girar una letra sobre alguno

[5] See vocabulary of business terms, page 225.

to endorse a bill	endosar una letra
to meet a bill	hacer honor a una letra
to protest a bill	protestar una letra
a broker	un corredor
a buyer	un comprador
buying	la compra
carriage, forwarding	el transporte, la conducción
carriage, freight	el porte, los gastos de transporte
carriage free	franco de porte, porte pagado
carriage paid	porte pagado
charges	los gastos
a cheque	un cheque
a cheque-book	un libro de cheques, un talonario
commission	la comisión
a company	una compañía
a limited company	una compañía anónima
a contract	un contrato
credit	el crédito
a letter of credit	una carta de crédito
a creditor	un acreedor
debit	el débito
a debt	una deuda
a debtor	un deudor
Dr. and Cr.	Debe y Haber
delivery	la entrega
discount	el descuento, la rebaja
duty	los derechos
to pay duty	pagar derechos
expenses	los gastos
export, exportation	la exportación
to export	exportar
an exporter	un exportador
failure	la quiebra
to fail	quebrar
a firm	una casa de comercio

freight	el flete
to freight a ship	fletar un buque
goods	los géneros, las mercancías
import, importation	la importación
to import	importar
an importer	un importador
insolvency	la insolvencia
insurance	el seguro
vto insure goods	asegurar los géneros
an insurance policy	una póliza de seguro
an invoice	una factura
to invoice	facturar
a letter	una carta
to acknowledge receipt of a letter	acusar recibo de una carta
to reply to a letter	contestar a una carta
the mail	el correo
the manager	el gerente
a merchant	un comerciante
a middleman	un intermediario
the office	la oficina, el despacho
an order	una orden, un pedido
a pattern	una muestra
payment	el pago
to pay	pagar
the post	el correo
the price	el precio
a purchase	una compra
the purchaser	el comprador
a receipt	un recibo
to receipt	dar recibo, poner el recibí
remittance	la remesa
retail	al por menor
the sale	la venta
a seller	un vendedor
selling	la venta

shares	las acciones
a shareholder	un accionista
a signature	una firma
stocks	los fondos (efectos) públicos
a stockbroker	un corredor de cambios
a traveller	un viajante
a warehouse, store	un almacén, un depósito
to warehouse	almacenar
a warehouseman	un almacenero, un guardaalmacén
wholesale	al por mayor

Money.	***Monedas.***
a guinea	una guinea
a sovereign	un soberano
a pound (sterling)	una libra (esterlina)[6]
a shilling	un chelín
a sixpence	un medio chelín
a penny	un penique
a halfpenny	un medio penique
a dollar	un duro, un peso
a cent	un centavo
a franc	un franco
a centime	un céntimo
a banknote	un billete de banco
the course of exchange	el curso del cambio
the rate of exchange	el tipo del cambio
the Exchange (of London)	la Bolsa (de Londres)
a money changer	un cambista
gold coin(s)	moneda de oro
silver coin(s)	moneda de plata
copper coin(s)	moneda de cobre; calderilla
English money	moneda inglesa

[6] The par value of the pound sterling is 25 pesetas; the rate of exchange, of course, varies. See page 259.

Professions and Trades.	*Profesiones y Oficios.*
an accountant	un contador
an actuary	un actuario
an advocate	un abogado
an agent	un agente
an analyst	un analista
an architect	un arquitecto
an artist	un artista
an assayer	un ensayador
an attorney	un procurador
an auctioneer	un rematador
a baker	un panadero
a banker	un banquero
a barber	un barbero
a barrister	un abogado
a blacksmith	un herrero
a bookbinder	un encuadernador
a bookseller	un librero
a bootmaker	un zapatero
a brewer	un cervecero
a broker	un corredor
a builder	un maestro de obras
a butcher	un carnicero
a cabinet-maker	un ebanista
a carpenter	un carpintero
a carter	un carretero
a chemist	un químico; (apothecary) boticario.
a clerk	un dependiente
a composer	un compositor
a compositor	un cajista
a confectioner	un confitero
a contractor	un contratista
a cook	un cocinero
a cooper	un tonelero
a dentist	un dentista

a doctor	un médico
a draper	un pañero
a draughtsman	un dibujante
a dressmaker	una modista, una costurera
a druggist	un droguero, un droguista
an editor	un redactor
an engineer	un ingeniero, un maquinista
an engraver	un grabador
a farmer	un agricultor
a fisherman	un pescador
a fishmonger	un pescadero
a fruiterer	un frutero
a gardener	un jardinero
a gasfitter	un instalador de gas
a glazier	un vidriero
a grocer	un especiero
a guide, conductor	un guía
a gunsmith	un armero
a hairdresser	un peluquero
a hatter	un sombrerero
a hosier	un mediero, un calcetero
an hotel-keeper	un fondista
an innkeeper	un posadero
an interpreter	un intérprete
a jeweller	un joyero
a joiner	un ensamblador
a journalist	un periodista
a laundress	una lavandera
a lawyer	un abogado, un letrado
a linen-draper	un lencero
a locksmith	un cerrajero
a mason	un albañil
a miller	un molinero
a milliner	una modista (de sombreros)
a musician	un músico

a newsagent	un vendedor de periódicos
an oculist	un oculista
an optician	un óptico
a painter	un pintor
a photographer	un fotógrafo
a physician	un médico consultor
a plumber	un plomero
a porter	un mozo (de cordel)
a postman	un cartero
a poulterer	un pollero
a printer	un impresor
a professor	un profesor
a publisher	un editor
a railway official	un empleado del ferrocarril
a saddler	un sillero
a sculptor	un escultor
a seamstress	una costurera
a shoemaker	un zapatero
a shopkeeper	un tendero
a solicitor	un procurador
a stationer	un papelero
a stockbroker	un corredor de cambios
a surgeon	un cirujano
a surveyor	un inspector; (land) agrimensor
a tailor	un sastre
a teacher	un maestro
a tinker	un calderero
a tobacconist	un estanquero
a translator	un traductor
a traveller	un viajero, un viajante
a tutor	un preceptor
an upholsterer	un tapicero
a waiter	un mozo (de café)
a watchmaker	un relojero

Sports, Pastimes, etc.	*Deportes, Pasatiempos, etc.*
angling	la pesca
athletics	la atlética
bagatelle	la bagatela
billiards	el billar
bowls	los bolos
boxing	el boxeo, el pugilato
bull-fight	la corrida de toros
cards	los naipes
chess	el ajedrez
coursing	la caza de liebres
cricket	el cricket
croquet	el croquet
cycling	el paseo en bicicleta
dominoes	el dominó
draughts	las damas
driving	el paseo en coche
fencing	la esgrima
fives	la pelota
football	el football, el balonpié
golf	el golf
gymnastics	la gimnasia
hockey	el hockey
hunting	la caza
needlework	las labores
polo	el polo
quoits	el tejo
racing	las carreras
reading	la lectura
riding	el paseo a caballo
rowing	el remar
skating	el patinar, la patinación
swimming	el nadar, la natación
tennis	el tennis
walking	el paseo

whist	el whist
wrestling	la lucha
yachting	el viajar en yate
an Aunt Sally	un pim pam pum
a roundabout	un tío vivo
a swing	un columpio
a switchback	una montaña rusa

Railways.	***Ferrocarriles.***
a railway	un ferrocarril
the station	la estación
the station-master	el jefe de estación
the platform	el andén
the waiting-room	la sala de espera
the booking-office	el despacho de billetes
a time-table	una guía, un indicador
the fare	el precio (del billete)
a ticket for ...	un billete para ...
first, second, third class	de primera, segunda, tercera clase
an excursion ticket	un billete de excursión
a return ticket	un billete de ida y vuelta
a season ticket	un billete de temporada
a single ticket	un billete sencillo
a through ticket	un billete directo
the luggage	el equipaje
the porter	el mozo (de equipajes de estación)
the cloak-room	el depósito de equipajes
the train	el tren
an excursion train	un tren de excursión (de recreo; pop.: tren botijo)
an express train	un tren expreso
a fast train	un tren rápido
a goods train	un tren de mercancías
a mail train	un tren correo

a mixed train	un tren mixto
a passenger train	un tren de viajeros
a slow train	un tren ordinario
a special train	un tren especial
a through train	un tren directo
the train starts	el tren sale
the train arrives	el tren llega
the line	la linea, la vía
the rails	los carriles
a tunnel	un túnel
a viaduct	un viaducto
the engine	la locomotora[7]
the engine-driver	el maquinista
the tender	el ténder
the stoker	el fogonero
the carriage	el coche, el vagón
the door	la portezuela
the window	la ventanilla
the van	el furgón
the guard	el conductor, el jefe de tren
a passenger	un viajero, un pasajero

A Steamship. / *Un Vapor.*

a steamer	un vapor
a steam-boat	un buque de vapor
a steam-packet	un paquebote de vapor
the cabin	la cámara, el camarote
a private cabin	un camarote
a berth	una litera
steerage	la proa, el entrepuente
on deck	sobre cubierta
the boats	los botes
a life-boat	un bote salvavidas

[7] In Spanish America, *la locomotiva.*

a life-belt	un chaleco salvavidas
a life-buoy	una boya salvavidas
the hull	el casco
the masts	los mástiles, los palos
the yards	las vergas
the sails	las velas, el velamen
the rigging	el aparejo, la cordelería
the bridge	el puente
the funnel	la chimenea
the engine	la máquina
the helm	el timón
the compass	la brújula
the anchor	el ancla
the cable	el cable

A Journey.	*Un Viaje.*
a journey	un viaje
a traveller	un viajero
baggage	el equipaje
a portmanteau	una maleta
a trunk	un baúl
a passport	un pasaporte
to travel from ... to ...	ir de ... a ...
customs	la aduana
a letter of credit	una carta de crédito
a pleasure trip	un viaje de recreo
to take a ticket	tomar un billete
to take a seat	retener un asiento
to change trains at ...	cambiar de tren en ...
a cab	un coche (de punto, de plaza)
a taxi, a taxi-cab	un taxi (un taxímetro), un auto (un automóvil)
a carriage	un carruaje
the diligence, the stage-coach	la diligencia

the motor-bus	el ómnibus automóvil
the tram, the tram-car	el tranvía, el coche de tranvía
the underground railway, the tube	el ferrocarril subterráneo
an outside seat	un asiento en la imperial
an inside seat	un asiento en el interior

The Office. / *La Oficina.*

letter-paper	papel de cartas
note-paper	papel de esquelas
fancy paper	papel de fantasía
a quire of paper	una mano de papel
envelopes	los sobres
a pen	una pluma
a fountain-pen	una pluma-tintero
the inkstand	el tintero
ink	la tinta
blotting-paper	papel secante
a pencil	un lápiz
a study	un estudio
a writing-desk	un escritorio, un pupitre
a roll-top desk	un escritorio de tapa corrediza (de tapa rodadera)
a writing-case	una cartera, una papelera
a note-book	un cuaderno, una libreta, un libro de apuntes
writing	la escritura, la letra
to write a letter	escribir una carta
to dictate a letter	dictar una carta
to answer a letter	contestar, responder a una carta
to write a good hand	tener buena letra
a typewriter	una máquina de escribir
a typist	un dactilógrafo, un mecanógrafo
a shorthand-writer	un taquígrafo
a postage-stamp	un sello

a post-card	una tarjeta postal
a telegram	un telegrama
the telephone	el teléfono
mail-day	el día del correo
post-paid	franqueado, franco
sealing-wax	el lacre

Parts of the Body.	*Partes del Cuerpo.*
the human body	el cuerpo humano
the head	la cabeza
the hair	los cabellos
the skull	el cráneo
the brain(s)	el cerebro, los sesos
the face	la cara
the forehead	la frente
the temples	las sienes
the eyes	los ojos
the eyebrows	las cejas
the eyelids	los párpados
the eyelashes	las pestañas
the ears	las orejas
the nose	la nariz
the nostrils	las ventanas de la nariz
the cheeks	las mejillas
the jaw	la quijada, la mandíbula
the mouth	la boca
the lips	los labios
the upper lip	el labio superior
the lower lip	el labio inferior
the teeth	los dientes
the front teeth	los incisivos
the back teeth	las muelas, los molares
the gums	las encías
the tongue	la lengua

the chin	la barba
the moustache	el bigote
the beard	la barba
the whiskers	las patillas
the neck	el cuello
the nape	la nuca
the throat	la garganta
the shoulders	los hombros
the arms	los brazos
the armpit	el sobaco
the elbow	el codo
the wrist	la muñeca
the hand	la mano
the fist	el puño
the fingers	los dedos
the thumb	el pulgar
the forefinger	el índice
the middle finger	el dedo del corazón
the ring finger	el dedo anular
the little finger	el meñique
the nails	las uñas
the chest	el pecho
the heart	el corazón
the lungs	los pulmones
the back	la espalda
the spine	la espina dorsal
the ribs	las costillas
the abdomen	el abdomen
the stomach	el estómago
the liver	el hígado
the spleen	el bazo
the intestines	los intestinos
the bladder	la vejiga
the sides	los costados
the hips	las caderas

the groin	la ingle
the legs	las piernas
the thigh	el muslo
the knee	la rodilla
the knee-cap	la rótula
the calf	la pantorrilla
the ankle	el tobillo
the foot	el pie
the instep	el empeine
the heel	el talón
the toes	los dedos del pie
the sole (of the foot)	la planta (del pie)
the skeleton	el esqueleto
the bones	los huesos
the joint	la articulación
the skin	la piel
the flesh	la carne
the muscles	los músculos
the nerves	los nervios
the sinews	los tendones
the fat	la grasa, la gordura
the blood	la sangre
an artery	una arteria
a vein	una vena

Ailments, Remedies, etc.	*Enfermedades, Remedios, etc.*
an abscess	un absceso
asthma	el asma
a bandage	una venda, un vendaje
biliousness	la bilis
a boil	un divieso
bronchitis	la bronquitis
a bruise	una contusión

a burn	una quemadura
camphor	el alcanfor
cancer	el cáncer
castor-oil	el aceite de ricino
catarrh	el catarro
a chap	una grieta
a chilblain	un sabañón
a chill	un frío
cod-liver oil	el aceite de hígado de bacalao
a cold	un constipado, un resfriado
constipation	el estreñimiento
a consultation	una consulta
consumption	la tisis
a cough	una tos
court-plaster	el tafetán inglés
cramp	el calambre
a crutch	una muleta
a cut	una cortadura, una herida
diarrhœa	la diarrea
diphtheria	la difteria
dizziness	un vahído, un vértigo
a dose	una dósis
dressing	las hilas, los vendajes
dropsy	la hidropesía
dysentery	la disentería
earache	el dolor de oídos
an emetic	un emético
fever	la fiebre
a fit	un accidente, una convulsión
a fracture	una fractura
a gargle	una gárgara
gout	la gota
headache	el dolor de cabeza, la jaqueca
heart-disease	la enfermedad del corazón
hoarseness	la ronquera, la afonía

indigestion	una indigestión
inflammation	una inflamación
influenza	la influenza, el dengue, el trancazo
jaundice	la ictericia
laudanum	el láudano
liniment	el linimento, la untura
linseed	la linaza
lint	las hilas
liver-complaint	la enfermedad del hígado
massage	el masaje
neuralgia	la neuralgia
ointment	el ungüento
piles	las almorranas
a pill	una píldora
a pimple	un grano
a plaster	un emplasto
pneumonia	la neumonía, la pulmonía
a poultice	una cataplasma
a prescription	una receta
a purgative	un purgante
quinine	la quinina
quinsy	la angina
rheumatism	el reumatismo, el reuma
rhubarb	el ruibarbo
rupture	una hernia
salts (Epsom)	la sal de Epsom, la sal de higuera
a scald	una quemadura, una escaldadura
a scar	una cicatriz
a scratch	un arañazo, un rasguño
a sling	un cabestrillo
smallpox	las viruelas
sore throat	el mal de garganta
a splint	una tablilla
a sprain	una torcedura
stiff-neck	el tortícolis

a sting	una picadura
stomach-ache	el dolor de estómago
a stye	un orzuelo
a swelling	una hinchazón
a tonic	un tónico
toothache	el dolor de muelas
a truss	un braguero
a tumour	un tumor
an ulcer	una úlcera
vaccination	la vacunación
a wen	un lobanillo
a whitlow	un panadizo
a wound	una herida

The Senses and Actions.	***Los Sentidos y las Acciones.***
sensibility	la sensibilidad
the five senses	los cinco sentidos
sight	la vista
to see, seen	ver, visto
hearing	el oído
to hear, heard	oir, oído
smell	el olfato
to smell, smelt	oler, olido
taste	el gusto
to taste, tasted	gustar, gustado
touch	el tacto
to touch, touched	tocar, tocado
a look, glance	una mirada
to look, looked	mirar, mirado
a sound, noise	un sonido, un ruido
to sound, sounded	sonar, sonado
scent, smell	el olor
to smell (of)	oler (a)
savour, taste	el sabor

to savour (of)	saber (a)
contact, touch	el contacto
to bring into contact	poner en contacto
appetite	el apetito
to eat, eaten	comer, comido
breathing	la respiración
to breathe, breathed	respirar, respirado
a call	una llamada
to call, called	llamar, llamado
a cry	un grito
to cry, cried	gritar, gritado
the dance, ball	la danza, el baile
to dance, danced	danzar, danzado; bailar, bailado
the digestion	la digestión
to digest, digested	digerir, digerido
the dream	el sueño, el ensueño
to dream, dreamed	soñar, soñado
feeling	el sentimiento
to feel, felt	sentir, sentido
the gesture	el gesto
to gesticulate, gesticulated	gesticular, gesticulado
the groan	el gemido
to groan, groaned	gemir, gemido
the hiccough	el hipo
to hiccough, hiccoughed	hipar, hipado
hunger	el hambre
to be hungry	tener hambre
the laugh	la risa
to laugh, laughed	reir, reído
lisping	el ceceo
to lisp, lisped	cecear, ceceado
the prayer, request	la petición, el ruego, la súplica
to ask, asked	pedir, pedido
to beg, begged	rogar, rogado

to pray, prayed	suplicar, suplicado
rest	el descanso
to rest, rested	descansar, descansado
the sigh	el suspiro
to sigh, sighed	suspirar, suspirado
sleep	el sueño
to sleep, slept	dormir, dormido
the smile	la sonrisa
to smile, smiled	sonreir, sonreído
sneezing	el estornudo
to sneeze, sneezed	estornudar, estornudado
snoring	el ronquido
to snore, snored	roncar, roncado
speech	la palabra
to speak, spoken	hablar, hablado
to make a speech	decir (pronunciar) un discurso
stammering	la tartamudez
to stammer, stammered	tartamudear, tartamudeado
thirst	la sed
to be thirsty	tener sed
the voice	la voz
to utter, uttered	pronunciar, pronunciado
the walk	el andar
to walk, walked	andar, andado
to take a walk	dar un paseo, pasearse
to go, gone	ir, ido
to run, run	correr, corrido
yawning	el bostezo
to yawn, yawned	bostezar, bostezado

Dress. / *Vestido.*

a hat	un sombrero
a cap	una gorra
a bonnet	un sombrero (de señora)

a straw hat	un sombrero de paja
a suit	un traje
a coat	una casaca
a morning-coat	un chaqué
a frock-coat	una levita
a dress-coat	un frac
an overcoat	un gabán, un abrigo
a jacket	una chaqueta, una americana
a vest, a waistcoat	un chaleco
trousers	los pantalones
a dress	un vestido
a bodice	un corpiño, un jubón
a blouse	una blusa
a skirt	una falda
a petticoat	una saya
a mantle	un manto
a cloak	una capa
underlinen	la ropa interior
a shirt, chemise	una camisa
a night-shirt, night-gown	una camisa de dormir
pyjamas, a sleeping-suit	un traje de dormir
an under-vest	una camiseta, una elástica
drawers	los calzoncillos
combinations	las combinaciones
stockings	las medias
socks	los calcetines
a collar[8]	un cuello
cuffs	los puños
a necktie	una corbata
gloves	los guantes
a handkerchief	un pañuelo
boots	las botas, los zapatos
shoes	los zapatos

[8] The sizes of collars, gloves, shoes, etc., are indicated in Spanish in centimetres; thus, size 6 in gloves in English would be size 15 in Spanish.

slippers	las zapatillas
a stick	un bastón
an umbrella	un paraguas
a sunshade	una sombrilla
a mackintosh	un impermeable

Meals. / *Comidas.*

Meals.	Comidas.
food	la comida, el alimento
to eat	comer
breakfast	el desayuno, el almuerzo
to breakfast	desayunarse, almorzar
lunch	el almuerzo, la merienda
to lunch	almorzar, merendar
dinner	la comida
to dine	comer
tea	el té
to take tea	tomar el té
supper	la cena
to sup	cenar

Eatables and Drinks. / *Comestibles y Bebidas.*

Eatables and Drinks.	Comestibles y Bebidas.
bread	el pan
butter	la manteca, la mantequilla
bread and butter	pan con manteca
soup	la sopa
bread soup	sopa de pan
gravy soup	caldo de sustancia
julienne soup	sopa juliana
lentil soup	sopa de lentejas
ox-tail soup	sopa de rabo de vaca
pea soup	sopa de guisantes
rice soup	sopa de arroz
turtle soup	sopa de tortuga

vegetable soup	sopa de menestras
vermicelli soup	sopa de fideos
broth	el caldo
beef	la carne de vaca
boiled beef	carne cocida
roast beef	carne asada, rosbif
stewed beef	carne estofada
beefsteak	el biftek
well-done	bien cocido
under-done	poco cocido
mutton	el carnero
a chop	una costilla
a cutlet	una chuleta
pork	la carne de puerco
bacon	el tocino
a sausage	una salchicha
sauce	la salsa
poultry	las aves, la pollería
a fowl	un ave
a chicken	un pollo, una gallina
a duck	un pato
a goose	un ganso
a pigeon	un pichón
a turkey	un pavo
game	la caza
a hare	una liebre
a partridge	una perdiz
a pheasant	un faisán
a rabbit	un conejo
venison	el venado
fish	el pescado
a carp	una carpa
a cod	un bacalao
a herring	un arenque
a mackerel	un escombro

a pike	un sollo
a salmon	un salmón
a sardine	una sardina
a sole	un lenguado
a trout	una trucha
a turbot	un rodaballo
a whiting	una pescadilla
oysters	las ostras
a crab	un cangrejo
a lobster	una langosta
vegetables	las legumbres
artichoke	la alcachofa
asparagus	el espárrago
beans	las habichuelas, las habas
cabbage	la col
carrots	las zanahorias
cauliflower	la coliflor
peas	los guisantes
potatoes	las patatas
sprouts	los repollos
turnips	los nabos
macaroni	los macarrones
a salad	una ensalada
celery	el apio
cresses	los berros
cucumber	el pepino
endive	la escarola
lettuce	la lechuga
oil	el aceite
onion	la cebolla
radish	el rábano
tomato	el tomate
vinegar	el vinagre
pepper	la pimienta
salt	la sal

mustard	la mostaza
pickles	los encurtidos
eggs	los huevos
boiled eggs	huevos cocidos, pasados por agua
fried eggs	huevos fritos, estrellados
poached eggs	huevos escalfados
scrambled eggs	huevos revueltos, revoltillo (de huevos)
an omelet	una tortilla
a pudding	un pudín
fruit	la fruta
an apple	una manzana
an apricot	un albaricoque
a cherry	una cereza
a greengage	una ciruela verdal
a melon	un melón
an orange	una naranja
a peach	un melocotón
a pear	una pera
a plum	una ciruela
a raspberry	una frambuesa
a strawberry	una fresa
biscuits	los bizcochos, las galletitas
cheese	el queso
a cup of coffee	una taza de café
a cup of tea	una taza de té
a cup of chocolate	una jícara de chocolate
milk	la leche
sugar	el azúcar
cream	la crema
a glass of beer	un vaso de cerveza
a glass of water	un vaso de agua
a bottle of wine	una botella de vino
a glass of wine	una copa (copita) de vino
red wine	el vino tinto

white wine	el vino blanco
cider	la sidra
lemonade	la limonada
liqueurs	los licores
an ice	un helado

In the Street. Buildings.	*En la Calle. Edificios.*
the street, road	la calle
an alley	una callejuela, un callejón
an arcade	una arcada
an avenue	una avenida
a boulevard	un bulevar
a court	un callejón
a courtyard	un patio
a lane	una callejuela
a passage	un pasadizo
a square	una plaza
the sidewalk, the footway	la acera
the gutter	el arroyo
the carriageway	el adoquinado, el empedrado
the conveyance	el vehículo
a cab	un coche (de punto, de plaza)
the cabman	el cochero
the cab-stand	la parada de coches
a carriage	un carruaje
an omnibus, a 'bus	un ómnibus
the driver	el cochero
the guard, conductor	el conductor
a seat	un asiento
inside	el interior
outside	la imperial
a taxi, a taxi-cab	un taxi (un taxímetro), un auto (un automóvil)
a tram, a tram-car	un tranvía, un coche de tranvía

the post	la posta
post-horses	los caballos de posta
to travel by post	ir en posta
the diligence	la diligencia
the mail	la mala, el correo
the post-office	el correo
a letter-box	un buzón
a house	una casa
a shop	una tienda
a church	una iglesia
a chapel	una capilla
a cathedral	una catedral
a hospital	un hospital
a poor-house	una casa de caridad
a prison	una cárcel
a school	una escuela
a college	un colegio
a university	una universidad
the town-hall	la casa del ayuntamiento, la casa consistorial
the exchange	la bolsa
a bank	un banco
an hotel	una fonda, un hotel
an inn	una posada
a restaurant	un restaurant
a café	un café
a public-house	una taberna
a theatre	un teatro
a music-hall	un teatro de variedades
a picture-gallery	una galería de pinturas
a museum	un museo
a library	una biblioteca
a market	un mercado
a palace	un palacio
a tower	una torre

a bridge	un puente
the mint	la casa-moneda
a lamp	un farol
a park	un parque
a garden	un jardín
a promenade	un paseo
a monument	un monumento
a fountain	una fuente
the wall	el muro, la pared
the walls of a town	los muros (las murallas) de una ciudad

Public Notices.	*Avisos al Público.*
Apartments	Habitaciones
furnished	amuebladas
unfurnished	sin amueblar
Closed on Sundays	Se cierra los domingos
Danger	Peligro
Entrance	Entrada
Exit	Salida
Fire alarm	Señal de incendio
For sale	De venta
Hydrant	Boca de riego
Keep to the right.	Guardar la derecha
Keep to the left.	Guardar la izquierda
Letter-box	Buzón
No admittance	No se permite la entrada
No smoking allowed	Se prohibe fumar
No thoroughfare	Se prohibe el paso. No se pasa
Notice	Aviso
Please do not touch	Sírvase no tocar
Private	Privado
Refreshments	Refrescos. Bebidas
Road closed	Calle cerrada
Stick no bills	Se prohibe fijar carteles

To let	Se alquila
Way in	Entrada
Way out	Salida
Wet paint	Pintado. Recién pintado

Parts of a House.	***Partes de una Casa.***
a dwelling	a habitación, una casa
the walls	las paredes
a partition wall	un tabique
the door	la puerta
the front door	la puerta de entrada
the back door	la puerta trasera
a lock	una cerradura
a key	una llave
a latchkey	llavín
a bolt	un cerrojo
a latch	un picaporte
the hall	el vestíbulo
the staircase	la escalera
the stairs	los escalones
the balustrade	la baranda, el pasamanos
the landing	el descanso
a room	un cuarto, una habitación, una pieza
a bath-room	un cuarto de baño
a bed-room	una alcoba, un dormitorio
a dining-room	un comedor
a drawing-room	una sala de recibo, un recibimiento
a dressing-room	un tocador
a sitting-room	una sala, un gabinete
a smoking-room	un cuarto de fumar
a cellar	un sótano
a garret	una guardilla, una buhardilla
a kitchen	una cocina

a library	una librería
a study	un estudio
the water-closet (w.c.)	el excusado (el número ciento)
the windows	las ventanas
a balcony	un balcón
the blinds	las persianas, las
losías	
the floor	el piso, el suelo
first floor	el primer piso
the ceiling	el techo
the fire-grate	la reja, el fogón
the hearth	el hogar
the chimney	la chimenea
the roof	el tejado
the gable	el alero

Furniture and Utensils.	***Muebles y Utensilios.***
a table	una mesa
a dining table	una mesa de comedor
a work-table	una mesita de labores
a writing-table	una mesa de escribir
a chair	una silla
an arm-chair	un sillón de brazos
an easy-chair	un sillón, una butaca
a rocking-chair	una mecedora
a sofa	un sofá
a piano	un piano
pictures	los cuadros
a mirror	un espejo
a clock	un reloj
a vase	un jarrón
a book-case	una librería
a desk	un pupitre
carpets	las alfombras

curtains	las cortinas
rugs	las alcatifas
a door-mat	una estera
a screen	una pantalla
a coal-box	un cubo de carbón
a fender	un guardafuegos
a poker	un atizador
tongs	las tenazas
a shovel	una pala, una badila
a bed	una cama
bedding	a ropa de cama
a blanket	una manta
a bolster	un travesero, un almohadón
a counterpane	una colcha
a coverlet	un cobertor
a feather-bed	un colchón de plumas, un plumón
a mattress	un colchón
a spring-mattress	un colchón de muelles
a pillow	una almohada
a pillow-case	una funda (de almohada)
a sheet	una sábana
a wardrobe	un guardarropa, un armario
a chest of drawers	una cómoda
a dressing-table	un tocador
a wash-stand	up lavabo, un palanganero
a basin	una palangana
a ewer	una jofaina
a soap-tray	una jabonera
soap	el jabón
towels	las toallas
electric light	la luz eléctrica
gas	el gas
a lamp	una lámpara
a candle	una vela
a candle-stick	un candelero

a bell	una campanilla
an electric bell	un timbre eléctrico
a trunk	un baúl
a portmanteau	una maleta
a box	una caja

Table Utensils.	***Servicio de Mesa.***
the dining-table	la mesa de comedor
tablecloth	el mantel
napkin, serviette	la servilleta
a dish	una fuente
a plate	un plato
a knife	un cuchillo
a fork	un tenedor
a spoon	una cuchara
a tea-spoon	una cucharita
a glass	un vaso
a water-bottle	una botella para agua
a wine-bottle	una botella para vino
a jug	un jarro
the cruet-stand	las vinagreras
a cruet	una ampolleta, un pomo
salt	la sal
salt-cellar	el salero
pepper	la pimienta
pepper-caster	la pimentera
vinegar	el vinagre
vinegar-bottle	la vinagrera
oil	el aceite
oil-bottle	la aceitera
mustard	la mostaza
mustard-pot	la mostacera
sauce	la salsa
sauce-boat	la salsera

tea	el té
tea-pot	la tetera
cup	la taza
saucer	el platillo
a cup of tea	una taza de té
coffee	el café
coffee-pot	la cafetera
a cup of coffee	una taza de café
milk	la leche
milk-jug	el jarro de la leche
sugar	el azúcar
sugar-basin	el azucarero
sugar-tongs	las tenacillas
a toothpick	un mondadientes, un palillo

Domestic Animals.	*Animales Domésticos.*
the ass	el asno, el burro
the bull	el toro
the bullock	el buey
the calf	la ternera
the cat	el gato
the colt	el potro
the cow	la vaca
the dog	el perro
the ewe	la oveja
the goat	la cabra
the horse	el caballo
the lamb	el cordero
the mare	la yegua
the mouse	el ratón
the mule	la mula
the ox	el buey
the pig	el puerco
the ram	el morueco

the rat	la rata
the sheep	el carnero
the sow	la puerca

Wild Animals.	*Animales Silvestres.*
the badger	el tejón
the bear	el oso
the beaver	el castor
the boar	el jabalí
the buffalo	el búfalo
the camel	el camello
the deer	el corzo
the dromedary	el dromedario
the elephant	el elefante
the ferret	el hurón
the fox	el zorro
the giraffe	la girafa
the hare	la liebre
the hedgehog	el erizo
the hyena	la hiena
the jackal	el chacal
the leopard	el leopardo
the lion	el león
the lioness	la leona
the mole	el topo
the monkey	el mono
the otter	la nutria
the panther	la pantera
the porcupine	el puerco espín
the rabbit	el conejo
the rhinoceros	el rinoceronte
the seal	la foca
the serpent	la serpiente
the squirrel	la ardilla

the stag	el ciervo
the tiger	el tigre
the tigress	la tigre
the weasel	la comadreja
the wolf	el lobo
the zebra	la cebra

Birds.	***Aves.***
the bat	el murciélago
the blackbird	el mirlo
the canary	el canario
the cock	el gallo
the crane	la grulla
the crow	el cuervo
the cuckoo	el cuco
the dove	la paloma
the duck	el pato
the eagle	el águila
the eaglet	el aguilucho
the falcon	el halcón
the finch	el pinzón
the goose	el ganso
the grouse	el gallo silvestre
the hawk	el gavilán
the hen	la gallina
the heron	la garza
the jackdaw	el grajo
the lark	la alondra
the linnet	el jilguero
the magpie	la urraca
the nightingale	el ruiseñor
the ostrich	el avestruz
the owl	el búho
the parrot	el loro

the partridge	la perdiz
the peacock	el pavo real
the pheasant	el faisán
the pigeon	la paloma
the quail	la codorniz
the raven	el cuervo
the robin	el petirrojo
the sea-gull	la gaviota
the snipe	la agachadiza
the sparrow	el gorrión
the starling	el estornino
the stork	la cigüeña
the swallow	la golondrina
the swan	el cisne
the thrush	el tordo
the tomtit	el paro
the turkey	el pavo
the vulture	el buitre
the woodcock	la chocha
the wren	el reyezuelo

Fishes.	***Peces.***
the anchovy	la anchoa
the bream	el sargo
the brill	el mero
the carp	la carpa
the cockle	la coquina
the cod	el bacalao
the conger-eel	el congrio
the crab	el cangrejo
the cuttle-fish	el calamar
the dab	la barbada
the eel	la anguila
the gudgeon	el gobio

the haddock	la merlucilla
the hake	la merluza
the halibut	el hipogloso
the herring	el arenque
the lobster	la langosta
the mackerel	el escombro
the mullet	el múgil
the mussel	la almeja
the oyster	la ostra
the perch	la perca
the periwinkle	el caracol de mar
the pike	el sollo
the pilchard	la sardina
the plaice	la platija
the prawn	el langostín
the roach	el escarcho
the salmon	el salmón
the sardine	la sardina
the shad	el sábalo
the shark	el tiburón
the shrimp	el camarón
the skate	la lija
the sole	el lenguado
the sprat	la sardineta
the sturgeon	el esturión
the tench	la tenca
the trout	la trucha
the tunny	el atún
the turbot	el rodaballo
the whale	la ballena
the whiting	la pescadilla

Insects and Reptiles.	***Insectos y Reptiles.***
the adder	la víbora

the alligator	el caimán
the ant	la hormiga
the bee	la abeja
the beetle	el escarabajo
the boa	la boa
the bug	la chinche
the butterfly	la mariposa
the caterpillar	la oruga
the centipede	el ciempies
the cockroach	la cucaracha
the cricket	el grillo
the crocodile	el cocodrilo
the earwig	la tijereta
the flea	la pulga
the fly	la mosca
the frog	la rana
the gnat	el mosquito
the grasshopper	el saltamontes
the hornet	el avispón
the lizard	el lagarto
the locust	la langosta
the louse	el piojo
the mosquito	el mosquito
the moth	la polilla
the serpent	la serpiente
the snail	el caracol
the snake	la culebra
the spider	la araña
the tadpole	el renacuajo
the toad	el sapo
the tortoise	la tortuga
the viper	la víbora
the wasp	la avispa
the weevil	el gorgojo
the worm	el gusano

Flowers.	*Flores.*
the anemone	la anémona
the aster	el áster
the blue-bell	la campanilla azul
the buttercup	el botón de oro
the camellia	la camelia
the carnation	el clavel
the chrysanthemum	el crisantemo
the cornflower	el azulejo
the crocus	el azafrán
the daffodil	el narciso
the dahlia	la dalia
the daisy	la margarita
the forget-me-not	el nomeolvides
the foxglove	la dedalera
the geranium	el geranio
the gillyflower	el alelí
the heart's-ease	el pensamiento
the heliotrope	el heliotropo
the hollyhock	la malva hortense
the honeysuckle	la madreselva
the hyacinth	el jacinto
the jasmine, jessamine	el jazmín
the lilac	la lila
the lily	el lirio
the lily of the valley	el lirio del valle
the marigold	la maravilla
the mignonette	la reseda
the narcissus	el narciso
the nasturtium	la capuchina
the pansy	el pensamiento
the passion-flower	la pasionaria
the pink	el clavel
the poppy	la amapola
the primrose	la primavera

the rhododendron	el rododendro
the rose	la rosa
the snowdrop	la campanilla blanca
the sunflower	el girasol
the sweet-pea	el guisante de olor
the tulip	el tulipán
the violet	la violeta
the wall-flower	el alelí

Fruits, Trees, Vegetables, etc. / *Frutas, Arboles, Legumbres, etc.*

Fruits, Trees, Vegetables, etc.	Frutas, Arboles, Legumbres, etc.
the acorn	la bellota
the alder	el aliso
the almond	la almendra
the almond-tree	el almendro
the apple	la manzana
the apple-tree	el manzano
the apricot	el albaricoque
the apricot-tree	el albaricoquero
the artichoke	la alcachofa
the ash	el fresno
the asparagus	el espárrago
the aspen	el temblón
the banana	la banana, el plátano
the barley	la cebada
the bean	la habichuela, el haba
the beech	el haya
the beet(root)	la remolacha
the birch	el abedul
the blackberry	la zarzamora
the blackberry-bush	la zarza
the broccoli	el bróculi
the cabbage	la col
the carrot	la zanahoria

the cauliflower	la coliflor
the cedar	el cedro
the celery	el apio
the cherry	la cereza
the cherry-tree	el cerezo
the chestnut	la castaña
the chestnut-tree	el castaño
the citron	la cidra
the citron-tree	el cidro
the cocoanut	el coco
the cocoanut-tree	el cocotero
the cucumber	el pepino
the cumin	el comino
the currant	la grosella
the currant-bush	el grosellero
the date	el dátil
the date-palm	la palmera
the elderberry	la baya del saúco
the elderberry-tree	el saúco
the elm	el olmo
the endive	la escarola
the fig	el higo
the fig-tree	la higuera
the filbert	la avellana
the filbert-tree	el avellano
the fir	el abeto
the garlic	el ajo
the gooseberry	la uva espina
the gooseberry-bush	la uva espina
the grape	la uva
the grape-vine	la cepa
the greengage	la ciruela verdal
the greengage-tree	el ciruelo verdal
the larch	el alerce
the laurel	el laurel

the leek	el puerro
the lentil	la lenteja
the lemon	el limón
the lemon-tree	el limonero
the lettuce	la lechuga
the maize	el maíz
the maple	el arce
the medlar	la níspola
the medlar-tree	el níspero
the melon	el melón
the millet	el mijo
the mint	la menta
the mulberry	la mora
the mulberry-tree	el moral
the mushroom	la seta
the nut	la nuez
the nut-tree	el nogal
the nutmeg	la nuez moscada
the nutmeg-tree	la mirística
the oak	el roble
the oat	la avena
the olive	la aceituna
the olive-tree	el olivo
the onion	la cebolla
the orange	la naranja
the orange-tree	el naranjo
the parsley	el perejil
the parsnip	la chirivía
the pea	el guisante
the peach	el melocotón
the peach-tree	el melocotonero
the pear	la pera
the pear-tree	el peral
the pine-apple	la piña, la anana
the pine(-tree)	el pino

the plum	la ciruela
the plum-tree	el ciruelo
the pomegranate	la granada
the pomegranate-tree	el granado
the poplar	el álamo
the potato	la patata
the quince	el membrillo
the quince-tree	el membrillero
the radish	el rábano
the raspberry	la frambuesa
the raspberry-bush	el frambueso
the rhubarb	el ruibarbo
the rice	el arroz
the rye	el centeno
the sage	la salvia
the sprouts (Brussels)	los repollos (de Bruselas)
the strawberry	la fresa
the strawberry-plant	el fresal
the tomato	el tomate
the tomato-plant	la tomatera
the turnip	el nabo
the vegetable-marrow	la médula vegetal
the walnut	la nuez
the walnut-tree	el nogal
the water-cress	el berro
the wheat	el trigo
the willow	el sauce
the yew	el tejo
a tree	un árbol
a shrub	un arbusto
a thicket	un matorral
the wood	el bosque
timber	la madera

Metals and Minerals.	*Metales y Minerales.*
the alabaster	el alabastro
the alloy	la liga, la aleación
the alum	el alumbre
the aluminium	el aluminio
an amethyst	una amatista
the arsenic	el arsénico
the asphalt	el asfalto
the bismuth	el bismuto
the bitumen	el betún
the brass	el latón
the bronze	el bronce
the chalk	la greda
the clay	la arcilla
the coal	el carbón
the cobalt	el cobalto
the copper	el cobre
the copperas	la caparrosa
the crystal	el cristal
a diamond	un diamante
an emerald	una esmeralda
the enamel	el esmalte
the feldspar	el feldespato
the flint	el pedernal
a garnet	un granate
the glass	el vidrio
the gold	el oro
the granite	el granito
the iron	el hierro
cast-iron	el hierro fundido
pig-iron	el hierro en lingotes
sheet-iron	el hierro en planchas
wrought-iron	el hierro forjado
the jet	el azabache
the lead	el plomo

black-lead	el lápiz-plomo, el grafito, la plombajina
red-lead	el minio, el azarcón
white-lead	el albayalde
the lime	la cal
the marble	el mármol
the mercury	el mercurio
the ochre	el ocre
an opal	un ópalo
the platinum	el platino
the porphyry	el pórfido
the quartz	el cuarzo
the quicksilver	el azogue
a ruby	un rubí
the saltpetre	el salitre
a sapphire	un zafiro
the schist	el esquisto
the silver	la plata
the slate	la pizarra
the steel	el acero
the stone	la piedra
loadstone	el imán
sandstone	el asperón
the tin	el estaño
tin-plate	la hojalata, la hoja de lata
a topaz	un topacio
a turquoise	una turquesa
the verdigris	el cardenillo
the vermilion	el bermellón
the zinc	el zinc

Tools, Machinery, etc. / *Herramientas, Maquinaria, etc.*

an adze	una azuela

an anvil	un yunque
an auger	una barrena
an awl	una lesna
an axe	un hacha
the boiler	la caldera
a chisel	un cincel, un escoplo
the crane	la grúa
the cylinder	el cilindro
a drill	un taladro
the engine	la máquina
a steam-engine	una maquina de vapor
a file	una lima
the forge	la fragua
the furnace	el horno
a gimlet	una barrena
a hammer	un martillo
a hatchet	una hachuela
a knife	un cuchillo
the lathe	el torno
the machine	la máquina
a sewing-machine	una máquina de coser
the machinery	la maquinaria
mining machinery	la maquinaria para minas
a nail	un clavo
a plane	un cepillo
the pump	la bomba
a rivet	un remache
a saw	una sierra
the scissors	las tijeras
a shovel	una pala
a spade	una azada
the tongs	las tenazas
a tube	un tubo
a turbine	una turbina
a valve	una válvula

a vice	un torno
the wheel	la rueda
a water-wheel	una turbina, una rueda hidráulica
the wire	el alambre
iron wire	el alambre de hierro
steel wire	el alambre de acero
a wrench	una llave inglesa

Numbers (cardinal).	***Números cardinales.***
one	uno, una
two	dos
three	tres
four	cuatro
five	cinco
six	seis
seven	siete
eight	ocho
nine	nueve
ten	diez
eleven	once
twelve	doce
thirteen	trece
fourteen	catorce
fifteen	quince
sixteen	diez y seis (dieciseis)
seventeen	diez y siete (diecisiete)
eighteen	diez y ocho (dieciocho)
nineteen	diez y nueve (diecinueve)
twenty	veinte
twenty-one	veinte y uno (veintiuno)
twenty-two	veinte y dos (veintidós)
twenty-three	veinte y tres (veintitrés)
twenty-four	veinte y cuatro (veinticuatro)
thirty	treinta

thirty-one	treinta y uno
thirty-two	treinta y dos
forty	cuarenta
fifty	cincuenta
sixty	sesenta
seventy	setenta
eighty	ochenta
ninety	noventa
a hundred	ciento[9]
a hundred and one	ciento uno
a hundred and two	ciento dos
a hundred and eleven	ciento once
a hundred and twenty-one	ciento veintiuno
two hundred	doscientos-as
two hundred and one	doscientos uno
three hundred	trescientos-as
four hundred	cuatrocientos-as
five hundred	quinientos-as
six hundred	seiscientos-as
seven hundred	setecientos-as
eight hundred	ochocientos-as
nine hundred	novecientos-as
a thousand	mil
a thousand and one	mil y uno
a thousand and ten	mil y diez
two thousand	dos mil
three thousand	tres mil
four thousand	cuatro mil
five thousand, etc.	cinco mil, etc.
ten thousand	diez mil
a hundred thousand	cien mil
a million	un millón

[9] Abbreviated to *cien* when immediately preceding a noun or its adjective.

Numbers (ordinal).	*Números ordinales.*
the first	el primero,[10] la primera
the second	el segundo, la segunda
the third	el tercero
the fourth	el cuarto
the fifth	el quinto
the sixth	el sexto
the seventh	el séptimo or sétimo
the eighth	el octavo
the ninth	el noveno or nono
the tenth	el décimo
the eleventh	el undécimo
the twelfth	el duodécimo
the thirteenth	el décimotercio
the fourteenth	el décimocuarto
the fifteenth	el décimoquinto
the sixteenth	el décimosexto
the seventeenth	el décimoséptimo
the eighteenth	el décimoctavo
the nineteenth	el décimonono
the twentieth	el vigésimo
the twenty-first	el vigésimo primero
the twenty-second	el vigésimo segundo
the thirtieth	el trigésimo
the fortieth	el cuadragésimo
the fiftieth	el quincuagésimo
the sixtieth	el sexagésimo
the seventieth	el septuagésimo
the eightieth	el octogésimo
the ninetieth	el nonagésimo
the hundredth	el centésimo
the hundred and first	el centésimo primero
the hundred and second	el centésimo segundo

[10] The *o* of *primero* is dropped before a noun or its adjective. *Tercero* and *postrero* are also so abbreviated, generally.

the two hundredth	el ducentésimo
the three hundredth	el tricentésimo
the four hundredth	el cuadringentésimo
the five hundredth	el quingentésimo
the six hundredth	el sexcentésimo
the seven hundredth	el septingentésimo
the eight hundredth	el octingentésimo
the nine hundredth	el noningentésimo
the thousandth	el milésimo
the two thousandth	el dosmilésimo
the three thousandth	el tresmilésimo
the millionth	el millonésimo
the last	el último, el postrero
the last but one	el penúltimo

Fractions.	***Fracciones.***
a half	una mitad
a third	un tercio
two-thirds	dos tercios
a fourth	un cuarto
three-fourths	tres cuartos
a fifth	un quinto
four-fifths	cuatro quintos
a sixth	un sexto
five-sixths	cinco sextos
a seventh	un séptimo
an eighth	un octavo
a ninth	un noveno
a tenth	un décimo
an eleventh	un onzavo
a twelfth	un dozavo
a twentieth	un veintavo
three-twentieths	tres veintavos
a hundredth	un centésimo

Multiples and Collectives.	*Multíplices y Colectivos.*
single	sencillo
double	doble
treble	triple
fourfold	cuádruplo
fivefold	quíntuplo
sixfold	séxtuplo
sevenfold	séptuplo
eightfold	óctuplo
ninefold	nónuplo
tenfold	décuplo
hundredfold	céntuplo
thousandfold	mílcuplo
once	una vez
twice	dos veces
thrice, three times	tres veces
four times	cuatro veces
ten times	diez veces
a hundred times	cien veces
ten times three are thirty	diez veces tres hacen treinta
a couple	un par
a dozen	una docena
half a dozen	media docena
a dozen and a half	docena y media
a score	una veintena
half a score	una decena
a score and a half	una treintena
a hundred	un centenar
a gross	una gruesa

The Earth.	*La Tierra.*
geography	la geografía
atmosphere	la atmósfera
land	la tierra

sea	el mar
a continent	un continente
the coast	la costa
an island	una isla
an islet	un islote
a peninsula	una península
a cape	un cabo
a promontory	un promontorio
a reef	un arrecife
a mountain	una montaña
a mountain-chain	una cordillera
a volcano	un volcán
a hill	una colina
a rock	una roca
a ravine	una barranca
a waterfall	una cascada
a valley	un valle
a strait	un estrecho
an isthmus	un istmo
a channel	un canal
a river	un río
the bank	la orilla, la ribera
a sandbank	un banco de arena
an estuary	un estuario
a gulf	un golfo
a bay	una bahía
a port, harbour	un puerto
a breakwater	un rompeolas
the current	la corriente
the waves	las olas, las ondas
a canal	un canal
a stream	una corriente
a brook	un arroyo
a source, spring	un manantial
a lake	un lago

a well	un pozo
the equator	el ecuador
the poles	los polos
a meridian	un meridiano
latitude	la latitud
longitude	la longitud
the frigid zone	la zona glacial
the temperate zone	la zona templada
the torrid zone	la zona tórrida
the tropics	los trópicos
north	el norte
south	el sur
east	el este
west	el oeste
the horizon	el horizonte

The Sky and Air.	***El Cielo y el Aire.***
the world	el mundo
the sky	el cielo
the stars	las estrellas, los astros
the planets	los planetas
a comet	un cometa
the sun	el sol
sunrise	la salida del sol
sunset	la puesta del sol
it is sunny	hace sol
the moon	la luna
full moon	la luna llena
new moon	la luna nueva
first quarter	el cuarto creciente
last quarter	el cuarto menguante
it is moonlight	hace luna
the clouds	las nubes
it is cloudy	está nublado

the wind	el viento
it is windy	hace viento
the storm	la tempestad
it is stormy	está tempestuoso
the rain	la lluvia
it rains	llueve
the snow	la nieve
it snows	nieva
the frost	la helada
the ice	el hielo
it freezes	hiela
the fog	la niebla
it is foggy	hace niebla
the lightning	el relámpago
it lightens	relampaguea
the thunder	el trueno
it thunders	truena
the cold	el frío
it is cold	hace frío
the heat, warmth	el calor
it is warm	hace calor
the weather	el tiempo
it is fine weather	hace buen tiempo
it is bad weather	hace mal tiempo
the temperature	la temperatura
the climate	el clima
a rainbow	un arco iris
an eclipse	un eclipse
dawn	el alba
twilight	el crepúsculo

Countries and Nations. / *Países y Pueblos.*

the five parts of the world	las cinco partes del mundo
Europe	Europa

a European	un Europeo[11]
European	europeo,-ea
Asia	Asia
an Asiatic	un Asiático
Asiatic	asiático,-ca
Africa	Africa
an African	un Africano
African	africano,-na
America	América
an American	un Americano
American	americano,-na
Australia	Australia
an Australian	un Australiano
Australian	australiano,-na
Great Britain	Gran Bretaña
a Briton	un Britano
British	británico,-ca
England	Inglaterra
an Englishman	un Inglés
English	inglés,-esa
Scotland	Escocia
a Scotsman	un Escocés
Scottish	escocés,-esa
Ireland	Irlanda
an Irishman	un Irlandés
Irish	irlandés,-esa
Wales	Gales, el País de Gales
a Welshman	un Galés
Welsh	galés, -esa
Abyssinia	Abisinia
an Abyssinian	un Abisinio
Abyssinian	abisinio,-ia
Algeria	Argelia
an Algerian	un Argelino

[11] The noun of nationality may begin with a capital or a small letter.

Algerian	argelino,-na
Alsace	Alsacia
an Alsatian	un Alsaciano
Alsatian	alsaciano,-na
Andalusia	Andalucía
an Andalusian	un Andaluz
Andalusian	andaluz,-za
Arabia	Arabia
an Arab	un Arabe
Arab, Arabian, Arabic	árabe; arábigo,-ga
Argentine (Republic)	Argentina (La República)
an Argentine	un Argentino
Argentine	argentino,-na
Armenia	Armenia
an Armenian	un Armenio
Armenian	armenio,-ia
Arragon	Aragón
an Arragonese	un Aragonés
Arragonese	aragonés,-esa
Assyria	Asiria
an Assyrian	un Asirio
Assyrian	asirio,-ia
Austria	Austria
an Austrian	un Austríaco
Austrian	austríaco,-ca
Bavaria	Baviera
a Bavarian	un Bávaro
Bavarian	bávaro,-ra
Belgium	Bélgica
a Belgian	un Belga
Belgian	belga
Bohemia	Bohemia
a Bohemian	un Bohemo
Bohemian	bohémico,-ca
Bolivia	Bolivia

a Bolivian	un Boliviano
Bolivian	boliviano,-na
Bosnia	Bosnia
a Bosnian	un Bosnio
Bosnian	bosnio,-ia
Brazil	Brasil (El)
a Brazilian	un Brasileño
Brazilian	brasileño,-ña
Brittany	Bretaña
a Breton	un Bretón
Breton	bretón,-ona
Bulgaria	Bulgaria
a Bulgarian	un Búlgaro
Bulgarian	búlgaro,-ra
Burgundy	Borgoña
a Burgundian	un Borgoñón
Burgundian	borgoñón,-ona
California	California
a Californian	un Californio
Californian	califórnico,-ca
Canada	Canadá (El)
a Canadian	un Canadiense
Canadian	canadiense
Cape of Good Hope (The)	Cabo de Buena Esperanza (El)
Castile	Castilla
a Castilian	un Castellano
Castilian	castellano,-na
Catalonia	Cataluña
a Catalonian	un Catalán
Catalonian	catalán,-ana
Chili	Chile
a Chilian	un Chileno
Chilian	chileno,-na
China	China
a Chinaman	un Chino

Chinese	chino-na; chinesco,-ca
Colombia	Colombia
a Colombian	un Colombiano
Colombian	colombiano,-na
Denmark	Dinamarca
a Dane	un Dinamarqués
Danish	dinamarqués,-esa
Ecuador	Ecuador
an Ecuadorian	un Ecuatoriano
Ecuadorian	ecuatoriano,-na
Egypt	Egipto
an Egyptian	un Egipcio
Egyptian	egipcio,-ia
Finland	Finlandia
a Finn, Finlander	un Finlandés
Finnish	finlandés,-esa
Flanders	Flandes
a Fleming	un Flamenco
Flemish	flamenco,-ca
France	Francia
a Frenchman	un Francés
French	francés,-esa
Germany	Alemania
a German	un Alemán
German	alemán,-ana
Greece	Grecia
a Greek	un Griego
Greek	griego,-ga
Greenland	Groenlandia
a Greenlander	un Groenlandés
Greenlandic	groenlandés,-esa
Hanover	Hanóver
a Hanoverian	un Hanoveriano
Hanoverian	hanoveriano,-na
Holland	Holanda

a Dutchman	un Holandés
Dutch	holandés,-esa
Holy Land (The)	Tierra Santa (La)
Hungary	Hungría
a Hungarian	un Húngaro
Hungarian	húngaro,-ra
Iceland	Islandia
an Icelander	un Islandés
Icelandic	islandés,-esa
India	India
East India (Indies)	Las Indias Orientales
West India (Indies)	Las Indias Occidentales
an Indian	un Indio
Indian	indio,-ia
Italy	Italia
an Italian	un Italiano
Italian	italiano,-na
Japan	Japón (El)
a Japanese	un Japonés
Japanese	japonés,-esa
Jutland	Jutlandia
a Jutlander	un Jutlandés
Jutlandish	jutlandés,-esa
Lapland	Laponia
a Laplander	un Lapón
Laplandish	lapón,-na
Levant (The)	Levante (El)
a Levantine	un Levantino
Levantine	levantino,-na
Lombardy	Lombardía
a Lombard	un Lombardo
Lombardic	lombardo,-da
Lorraine	Lorena
a Lorrainer	un Lorenés
Lorrainese	lorenés,-esa

Mexico	Méjico
a Mexican	un Mejicano
Mexican	mejicano,-na
Moldavia	Moldavia
a Moldavian	un Moldavo
Moldavian	moldavo,-va
Moravia	Moravia
a Moravian	un Moravo
Moravian	moravo,-va
Morocco	Marruecos
a Moroccan	un Marroquí(n)
Moroccan	marroquí(n),-ina
Netherlands (The)	Países Bajos (Los)
a Netherlander	un Neerlandés
Netherlandish	neerlandés,-esa
New South Wales	Nueva Gales del Sur
New Zealand	Nueva Zelandia
a New Zealander	un Neozelandés
New Zealandian	neozelandés,-esa
Normandy	Normandia
a Norman	un Normando
Norman	normando,-da
North America	América del Norte
a North American	un Norteamericano
North American	norteamericano,-na
Norway	Noruego
a Norwegian	un Noruego
Norwegian	noruego,-ga
Paraguay	Paraguay (El)
a Paraguayan	un Paraguayano
Paraguayan	paraguayano,-na
Persia	Persia
a Persian	un Persa
Persian	persa
Peru	Perú (El)

a Peruvian	un Peruano
Peruvian	peruano,-na
Poland	Polonia
a Pole	un Polaco
Polish	polaco,-ca
Portugal	Portugal
a Portuguese	un Portugués
Portuguese	portugués,-esa
Prussia	Prusia
a Prussian	un Prusiano
Prussian	prusiano,-na
Roumania	Rumanía
a Roumanian	un Rumano
Roumanian	rumano,-na
Russia	Rusia
a Russian	un Ruso
Russian	ruso,-sa
Savoy	Saboya
a Savoyard	un Saboyano
Savoyard	saboyano,-na
Saxony	Sajonia
a Saxon	un Sajón
Saxon	sajón,-ona
Scandinavia	Escandinavia
a Scandinavian	un Escandinavo
Scandinavian	escandinavo,-va
Servia	Servia
a Servian	un Servio
Servian	servio,-ia
South America	América del Sur
a South American	un Sudamericano
South American	sudamericano,-na
Spain	España
a Spaniard	un Español
Spanish	español,-la

Sweden	Suecia
a Swede	un Sueco
Swedish	sueco,-ca
Switzerland	Suiza
a Swiss	un Suizo
Swiss	suizo,-za
Thessaly	Tesalia
a Thessalian	un Tesálico
Thessalian	tesálico,-ca
Tunis	Túnez
a Tunisian	un Tunecino
Tunisian	tunecino,-na
Turkey	Turquía
a Turk	un Turco
Turkish	turco,-ca
Tuscany	Toscana
a Tuscan	un Toscano
Tuscan	toscano,-na
United Kingdom (The)	Reino Unido (El)
United States (The)	Estados Unidos (Los)
Uruguay	Uruguay
an Uruguayan	un Uruguayo
Uruguayan	uruguayo,-ya
Venezuela	Venezuela
a Venezuelan	un Venezolano
Venezuelan	venezolano,-na
Würtemberg	Wurtemberg
a Würtemberger	un Wurtembergués
Würtemberg	wurtembergués,-esa
Zealand	Zelandia
a Zealander	un Zelandés
Zealandian	zelandés,-esa

Islands and Towns. / *Islas y Ciudades.*

Aix-la-Chapelle	Aquisgrán

Ajaccio	Ayacio
Alexandria	Alejandría
Algiers	Argel
Angoulême	Angulema
Antilles (The)	Antillas (Las)
Antwerp	Amberes
Athens	Atenas
Avignon	Aviñón
Azores (The)	Azores (Las)
Barbadoes	Barbada (La)
Basle	Basilea
Bayonne	Bayona
Berlin	Berlín
Berne	Berna
Bologna	Bolonia
Bordeaux	Burdeos
Boulogne	Boloña
Bremen	Brema
Bruges	Brujas
Brussels	Bruselas
Cairo	Cairo (El)
Calais	Calais
Cambridge	Cambrigia
Canaries (The)	Canarias (Las)
Canterbury	Cantorbery
Ceylon	Ceilán
Coblentz	Coblenza
Cologne	Colonia
Constance	Constancia
Constantinople	Constantinopla
Copenhagen	Copenhague
Cordova	Córdoba
Corsica	Córcega
Corunna	Coruña (La)

Cracow	Cracovia
Crete	Creta
Cyprus	Chipre
Damascus	Damasco
Dover	Dovres
Dresden	Dresde
Dunkirk	Dunquerque
Edinburgh	Edimburgo
Florence	Florencia
Flushing	Flesinga
Frankfort	Francfort
Freiburg	Friburgo
Geneva	Ginebra
Genoa	Génova
Ghent	Gante
Gottenburg	Gotemburgo
Guadaloupe	Guadalupe
Guernsey	Guernesey
Hague (The)	Haya (La)
Hamburg	Hamburgo
Havana	Habana (La)
Havre	Havre (El)
Hayti	Haití
Ionian Islands (The)	Islas Jónicas (Las)
Lausanne	Lausana
Leghorn	Liorna
Leipsic	Leipsic
Leyden	Leiden
Liege	Lieja
Lisbon	Lisboa
London	Londres

a native of London	un Londinense
Lucerne	Lucerna
Lyons	Lión
Madeira	Madera
Madrid	Madrid
a native of Madrid	un Madrileño
Majorca	Mallorca
Malta	Malta
Marseilles	Marsella
Martinique	Martinica
Mauritius	Mauricia
Mayence	Maguncia
Mechlin	Malinas
Milan	Milán
Minorca	Menorca
Moscow	Moscou
Naples	Nápoles
New York	Nueva York
Nice	Niza
Nuremberg	Nuremberga
Odessa	Odesa
Ostend	Ostende
Paris	París
Perpignan	Perpiñán
Philippines (The)	Filipinas (Las)
Porto Rico	Puerto Rico
Prague	Praga
Ratisbon	Ratisbona
Rhodes	Rodas
Rome	Roma
Rouen	Ruán
St. Petersburg	San Petersburgo

Sardinia	Cerdeña
Sicily	Sicilia
Smyrna	Esmirna
Sparta	Esparta
Stockholm	Estocolmo
Strasburg	Estrasburgo
Syracuse	Siracusa
Tangiers	Tánger
Teneriffe	Tenerife
Toulon	Tolón
Tunis	Túnez
Venice	Venecia
Versailles	Versalles
Vienna	Viena
Warsaw	Varsovia
Zürich	Zurich

Seas, Rivers and Mountains.	*Mares, Ríos y Montañas.*
the Adriatic	el Adriático
the Ægean Sea	el Mar Egeo
the Alps	los Alpes
the Amazon	el Amazonas, el Marañón
the Andes	los Andes
the Apennines	los Apeninos
the Arctic Ocean	el Océano Artico, el Mar Glacial
the Atlantic	el Atlántico
the Baltic	el Báltico
the Bay of Biscay	el Golfo de Vizcaya, el Mar Cantábrico
the Black Sea	el Mar Negro
the Bosphorus	el Bósforo
the Caribbean Sea	el Mar Caribe
the Caspian Sea	el Mar Caspio

the Caucasus	el Cáucaso
the Channel (English)	la Mancha
the Danube	el Danubio
the Dardanelles	los Dardanelos
the Dead Sea	el Mar Muerto
the Douro	el Duero
the Downs	las Dunas
Etna	el Etna
the Garonne	el Garona
the German Ocean	el Mar del Norte
the Indian Ocean	el Océano Indico, el Mar de las Indias
the Irish Sea	el Mar de Irlanda
the Mediterranean	el Mediterráneo
the Minho	el Miño
the Mississippi	el Misisipí
the Moselle	el Mosela
the Nile	el Nilo
the North Sea	el Mar del Norte
the Pacific	el Pacífico
the Parnassus	el Parnaso
the Pyrenees	los Pirineos
the Red Sea	el Mar Rojo
the Rhine	el Rhin
the Rhone	el Ródano
the St. Gothard	el San Gotardo
the Scheldt	el Escalda
the Seine	el Sena
the Sound	el Sund
the Suez Canal	el Canal de Suez
the Tagus	el Tajo
the Thames	el Támesis
Vesuvius	el Vesubio
the Volga	el Volga
the White Sea	el Mar Blanco

Christian Names.	*Nombres de Pila.*
Abraham	Abrahán
Adam	Adán
Adelaide	Adelaida
Adolphus	Adolfo
Agnes	Inés
Albert	Alberto
Alexander	Alejandro
Alfred	Alfredo
Alice	Alicia
Alphonso	Alfonso
Andrew	Andrés
Ann, Anne, Anna	Ana
Anthony	Antonio
Tony	Toño[12]
Archibald	Archibaldo
Arthur	Arturo
Augustus	Augusto
Austin	Agustín
Bartholomew	Bartolomé
Bat	Bartolo
Beatrice	Beatriz
Benjamin	Benjamín
Bernard	Bernardo
Bertha	Berta
Bertram	Beltrán
Blanche	Blanca
Bridget	Brígida
Caroline	Carolina
Catharine	Catalina
Kate	Catuca, Catuja

[12] Or *Antoñito*. Spanish colloquial names are generally formed from the ordinary Christian names by adding the diminutive termination *ito*, etc.; as: *Juanito*, Jack (from *Juan*, John), *Anita*, Nancy, etc. (from *Ana*, *Ann*, etc.). The principal exceptions are given in the present list.

Charles	Carlos
Charlotte	Carlota
Christian	Cristiano
Christina	Cristina
Christopher	Cristóbal
Chris	Tobal
Cicely	Cecilia
Claude	Claudio
Clement	Clemente
Constance	Constanza
Constantine	Constantino
Cyril	Cirilo
Daniel	Daniel
David	David
Dorothy	Dorotea
Edgar	Edgardo
Edith	Edita
Edmund	Edmundo
Edward	Eduardo
Eleanor	Leonor
Elizabeth	Isabel
Bessy, Lizzie	Belita
Ellen	Elena
Emily	Emilia
Ernest	Ernesto
Esther	Ester
Eugene	Eugenio
Eustace	Eustaquio
Eve, Eva	Eva
Ferdinand	Fernando
Florence	Florencia
Frances	Francisca
Fanny	Paca

Francis	Francisco
Frank	Paco
Frederic(k)	Federico
Geoffrey	Geofredo
George	Jorge
Gerald	Geraldo
Gerard	Gerardo
Gertrude	Gertrudis
Gertie	Tula
Gilbert	Gilberto
Giles	Gil
Godfrey	Godofredo
Gregory	Gregorio
Gustavus	Gustavo
Guy	Guido
Hannah	Ana
Harold	Haroldo
Harriet	Enriqueta
Helen	Elena
Henry	Enrique
Herbert	Herberto
Horace	Horacio
Hugh	Hugo
Ignatius	Ignacio
Isabella	Isabel
Bel, Belle	Bela, Belita
Isidore	Isidoro, Isidro
Jacob	Jacob
James	Jaime, Santiago
Jane	Juana
Jasper	Gaspar
Jeffrey	Geofredo
Jeremiah	Jeremías

Jerome	Jerónimo
Joan	Juana
John	Juan
Jonathan	Jonatás
Joseph	José
Joe	Pepe
Josephine	Josefina
Joshua	Josué
Julia	Julia
Julius	Julio
Lawrence	Lorenzo
Leonard	Leonardo
Leopold	Leopoldo
Louis	Luís
Louisa	Luisa
Lucy	Lucía
Luke	Lucas
Magdalen	Magdalena
Margaret	Margarita
Marion	Mariana
Mark	Marcos
Martha	Marta
Mary	María
May, Molly	Mariquita, Maruja
Matthew	Mateo
Michael	Miguel
Nathan	Natán
Nathaniel	Nataniel
Nicholas	Nicolás
Oliver	Oliverio
Osmond	Osmundo
Patrick	Patricio

Paul	Pablo
Pauline	Paulina
Peter	Pedro
Pete	Perico
Philip	Felipe
Prudence	Prudencia
Rachel	Raquel
Ralph	Raúl
Raymond	Ramón
Reginald	Reginaldo
Reynold	Reinaldo
Richard	Ricardo
Robert	Roberto
Roderic(k)	Rodrigo
Rodolph	Rodolfo
Roger	Rogerio
Rose, Rosa	Rosa
Rosalie	Rosalía
Rowland	Rolando
Rupert	Ruperto
Ruth	Rut
Sampson	Sansón
Samuel	Samuel
Sarah	Sara
Sophia	Sofía
Stephen	Esteban
Susan	Susana
Theodore	Teodoro
Theresa	Teresa
Thomas	Tomás
Timothy	Timoteo
Toby	Tobías
Valentine	Valentín

Vincent	Vicente
Walter	Gualterio
William	Guillermo
Winifred	Winifreda
Zachary	Zacarías
Zoe	Zoa

Adjectives in Common Use.	*Adjetivos de Uso Corriente.*
Absent	Ausente
abundant	abundante
accurate	exacto
active	activo
affable	afable
alone	solo
amusing	divertido
ancient	antiguo
artful	astuto
attentive	atento
attractive	atractivo
audible	oíble, perceptible
avaricious	avaro
awful	terrible
awkward	torpe
azure	azul
Bad	Malo
bald	calvo
beautiful	hermoso, bello
big	grande, grueso
bitter	amargo
black	negro
blackish	negruzco
blind	ciego
blue	azul

blueish	azulado
bold	atrevido, intrépido
brave	valiente
brief	breve, corto
bright	brillante, claro
broad	ancho
brown	pardo, moreno
brownish	pardusco
bulky	abultado, voluminoso
busy	ocupado
Calm	Tranquilo, quieto
careful	cuidadoso, prudente
careless	descuidado, negligente
celebrated	célebre
central	central, céntrico
certain	cierto, seguro
charitable	caritativo
charming	encantador
cheap	barato
chief	principal
choice	escogido
clean	limpio
clear	claro, evidente
clement	clemente
clever	hábil
cloudy	nublado
coarse	basto, ordinario
cold	frío
collective	colectivo
common	común
complete	completo
complicated	complicado
conditional	condicional
conservative	conservativo

considerable	considerable
constant	constante
contemporary	contemporáneo
content	contento, satisfecho
continual	continuo
contrary	contrario, opuesto
convenient	conveniente, oportuno
cool	fresco
costly	costoso
courageous	valiente
cowardly	cobarde
crimson	carmesí
crippled	estropeado
cross	enojado, enfadado
crotchety	excéntrico, chiflado
crude	crudo, tosco
cruel	cruel
curious	curioso, singular
customary	acostumbrado, usual
Daily	Diario, cotidiano
damp	húmedo
dangerous	peligroso
daring	atrevido, intrépido
dark	oscuro; (*complexion*) moreno
dead	muerto, difunto
deadly	mortal
deaf	sordo
dear	querido; (*costly*) caro
deceased	muerto, difunto
deceitful	engañoso, falso
deep	profundo
delicate	delicado
delicious	delicioso
dense	denso, compacto

desirous	deseoso
desolate	desolado, solitario
desperate	desesperado, furioso
detestable	detestable, aborrecible
dexterous	diestro, hábil
different	diferente, distinto
difficult	difícil, dificultoso
diligent	diligente, aplicado
dirty	sucio
disagreeable	desagradable
discontented	descontento
disdainful	desdeñoso
disgraceful	vergonzoso
disobedient	desobediente
dissatisfied	descontento
dissolute	disoluto
distant	distante, lejano
distinct	distinto
divine	divino
docile	dócil
double	doble
doubtful	dudoso, incierto
doubtless	indubitable
dreadful	terrible, espantoso
dreary	triste, lúgubre
drinkable	potable
dry	seco
dull	estúpido, pesado, triste; (*dark*) oscuro
dumb	mudo
Earthly	Terrestre
eastern	oriental
easy	fácil
eatable	comestible
economical	económico

effective	efectivo, eficaz
efficient	eficiente, eficaz
electric	eléctrico
empty	vacío
energetic	enérgico, vigoroso
enough	bastante, suficiente
equal	igual
equitable	equitativo
even	llano; (*not odd*) par
evil	malo
experienced	experimentado, experto
extensive	extensivo, espacioso
exterior	exterior, externo
external	externo, exterior
extraordinary	extraordinario, singular
extravagant	extravagante, pródigo
Faint	Lánguido; (*dim*) indistinto, tenue
fair	justo; (*complexion*) rubio
faithful	fiel
faithless	infiel
false	falso
familiar	familiar
famous	famoso
far	lejano, distante
fast	rápido; (*secure*) firme
fat	gordo, grueso
favourable	favorable
feeble	débil
female	femenino
ferocious	feroz, fiero
fertile	fértil, fecundo
fierce	feroz, fiero
final	final, último
fine	fino; (*elegant*) bello, hermoso, elegante

firm	firme, sólido
fit	propio, conveniente
flat	llano, plano
flexible	flexible
flimsy	débil
fluid	fluido
foggy	nebuloso
foreign	extranjero
foremost	delantero
formal	formal, ceremonioso
former	anterior, primero
fortunate	afortunado, dichoso
forward	adelantado, delantero
frank	franco
free	libre
fresh	fresco
friendly	amigable, amigo
full	lleno, completo
Gaudy	Llamativo
gay	alegre, vivo
general	general, público
generous	generoso, magnánimo
gentle	suave, dócil
genuine	genuino, legítimo
glad	alegre, contento, gozoso
golden	áureo, de oro
good	bueno
graceful	gracioso, agraciado
gracious	benigno, benévolo
grateful	agradecido, reconocido
gratuitous	gratuito
great	grande
green	verde
greenish	verduzco

grey	gris; (*of hair*) cano, encanecido
greyish	gríseo
guiltless	inocente
guilty	culpable
Handsome	Hermoso, guapo
happy	feliz, dichoso
hard	duro, sólido; (*not easy*) difícil
haughty	altanero, altivo
healthy	sano, saludable
heavenly	celeste, celestial
heavy	pesado
high	alto
holy	santo
honest	honrado
hostile	hostil, enemigo
hot	caliente
hourly	por horas, frecuente
human	humano
humble	humilde
hungry	hambriento
Icy	Helado, frío
idle	ocioso, perezoso, holgazán
ignorant	ignorante
ill	enfermo, malo
immediate	inmediato
immodest	inmodesto
immoral	inmoral
immortal	inmortal
importunate	importuno, molesto
imprudent	imprudente
incapable	incapaz
incidental	incidental, casual
inconstant	inconstante
inconvenient	inconveniente, incómodo

incorrect	incorrecto, inexacto
incredulous	incrédulo
indefatigable	infatigable
indifferent	indiferente
indocile	indócil
inhabitable	habitable
inhuman	inhumano
injurious	dañoso, perjudicial
inland	interior
inner	interior, interno
innocent	inocente
inside	interior, interno
insolent	insolente
insolvent	insolvente
instantaneous	instantáneo
instructive	instructivo
interior	interior, interno
internal	interno, interior
invalid	inválido
invaluable	inestimable
invariable	invariable
inventive	inventivo
invisible	invisible
irksome	tedioso, fastidioso
irresponsible	irresponsable
Jolly	Alegre, vivo
joyful	alegre
judicious	juicioso
just	justo
Kind	Benévolo, amable, bondadoso
known	conocido, sabido
Lame	Cojo
large	grande, vasto, espacioso

last	último
lavish	pródigo
lawful	legal, legítimo
lazy	perezoso, holgazán
leaden	plomizo, de plomo;
(*heavy*) pesado	
lean	delgado, flaco
learned	docto, sabio
left	izquierdo, dejado
legal	legal, legítimo
level	plano, llano, nivelado
liberal	liberal, generoso
light	ligero; (*colour*) claro
like	semejante, parecido
likely	probable, verosímil
liquid	líquido
little	pequeño
lofty	alto; (*proud*) altivo
long	largo
loose	suelto, flojo
loud	alto, ruidoso
lovely	amable
low	bajo
lowly	humilde, sumiso
lucky	afortunado, feliz, dichoso
lying	mentiroso
Mad	Loco
male	masculino
melancholy	melancólico
mental	mental, intelectual
mercantile	mercantil, comercial
merciful	misericordioso, compasivo, clemente
merciless	cruel, inhumano, desapiadado
merry	alegre

middle	medio, central
mighty	fuerte, poderoso
mild	suave, apacible, indulgente
miserable	miserable, desdichado
misty	nebuloso, brumoso
modest	modesto, humilde
monthly	mensual
more	más
mortal	mortal
mysterious	misterioso
Narrow	Estrecho, angosto
neat	elegante, limpio
necessary	necesario
needless	supérfluo, inútil
needy	indigente, pobre
negligent	negligente, descuidado
new	nuevo, reciente, moderno
next	próximo, inmediato
nice	bonito, delicado
nimble	ágil
noisy	ruidoso, clamoroso, estrepitoso
northern	septentrional
numberless	innumerable
numerous	numeroso
Obscure	Oscuro
obstinate	obstinado, porfiado
odd	singular, excéntrico; (*not even*) impar, non
odorous	oloroso, fragante
old	viejo, anciano, antiguo
ordinary	ordinario, usual
oriental	oriental
other	otro
outer	exterior, externo

outside	exterior, externo
own	propio
Painful	Doloroso
pale	pálido, claro
past	pasado
patient	paciente
peaceable	tranquilo, sosegado
peaceful	tranquilo, quieto
perfect	perfecto, acabado
perpetual	perpetuo
pink	rosado
pious	piadoso
plain	sencillo, liso, claro
pleasant	agradable, placentero
polite	cortés, atento
poor	pobre
popular	popular
powerful	poderoso
practical	práctico
pretty	bonito, lindo
prior	anterior, antecedente, precedente
private	privado, particular
profane	profano
proper	propio, conveniente
proud	orgulloso, soberbio, altivo
prudent	prudente
pure	puro
Quarrelsome	Pendenciero
quick	vivo, rápido, veloz
quiet	quieto, tranquilo
Rainy	Lluvioso
rapid	rápido, veloz
raw	crudo

ready	listo, pronto
real	real, verdadero, genuino
reasonable	razonable
red	rojo, encarnado
reddish	rojizo
respectable	respetable
respected	respetado
responsible	responsable
rich	rico
right	derecho; recto, justo
rightful	legítimo
rough	áspero, duro
round	redondo
Sad	Triste, melancólico
safe	seguro, salvo
same	mismo
satisfactory	satisfactorio
satisfied	satisfecho
secret	secreto
self	mismo
separate	separado, distinto
serious	serio, formal, grave
several	varios, diversos
shallow	somero, superficial
shameless	desvergonzado
short	corto, breve, sucinto
shrewd	astuto, sagaz
shy	tímido, miedoso
sickly	achacoso, enfermizo
silly	necio, tonto, bobo
simple	sencillo, simple
sincere	sincero
single	sencillo, solo, único
skilful	hábil

slender	delgado, flaco
slow	lento, tardío
small	pequeño, chico, menudo
smart	activo, vivo, elegante
smooth	liso, suave
sober	sobrio
soft	blando, suave
sorry	triste, pobre
sour	ágrio, ácido, avinagrado
southern	meridional
square	cuadrado
steady	firme, seguro, constante
stern	severo, duro
stiff	tieso
stormy	tempestuoso
straight	recto, derecho
strong	fuerte, robusto
stubborn	terco, obstinado
successful	próspero, feliz
such	tal, semejante
sure	seguro, cierto
sweet	dulce
Tall	Alto, grande
tame	domesticado, manso
tedious	fastidioso, enojoso
tempting	tentador
tender	tierno
terrible	terrible
thankful	agradecido, reconocido
thankless	desagradecido, ingrato
thick	espeso, grueso
thin	delgado, flaco
thirsty	sediento
tight	apretado, estrecho

timid	tímido
timorous	medroso
true	verdadero, cierto
twisted	torcido
Ugly	Feo
ultimate	último, final
unfair	injusto
unfaithful	infiel
unfortunate	desgraciado, desafortunado
ungrateful	ingrato
unhappy	infeliz
unjust	injusto, inicuo
unkind	malo, duro
unknown	desconocido
unpleasant	desagradable
unvarying	invariable
unusual	raro, extraordinario
useful	útil
useless	inútil
usual	usual, acostumbrado
Various	Varios, diversos
vast	vasto, extenso
venturesome	osado, atrevido
vermilion	bermejo
vexatious	molesto, enfadoso
vexed	enfadado, enojado
vicious	vicioso
vindictive	vengativo
violet	morado
virtuous	virtuoso
visible	visible
vulgar	vulgar, común
Warm	Caliente

weak	débil, flojo
wealthy	rico, opulento
well	bueno
wet	húmedo, mojado
whimsical	caprichoso
white	blanco
whitish	blanquecino
whole	entero
wholesome	sano, saludable
wicked	malo, malvado, ruín
wide	ancho, vasto
wise	sabio, docto
wonderful	admirable, maravilloso
worthless	indigno, inútil, despreciable
worthy	digno, apreciable
wretched	miserable
wrong	falso, errado, malo
Yearly	Anual
yellow	amarillo
yellowish	amarillento
young	joven
youthful	juvenil, joven
Zealous	celoso, entusiasta

Verbs. / *Verbos.*

Conjugation of the Auxiliary Verbs. / *Conjugación de los Verbos Auxiliares.*

TO HAVE.	**HABER.**
Present Participle, having.	*Gerundio,* habiendo.
Past Participle, had.	*Participio Pasivo,* habido.
Present Indicative.	*Presente de Indicativo.*

I have	yo he
thou hast	tú has
he, she (it) has	él, ella ha
we have	nosotros,-as hemos
you (ye) have	vosotros,-as habéis
they have	ellos,-as han
Imperfect.	*Imperfecto.*
I had	yo había
thou hadst	tú habías
he had	él había
we had	nosotros habíamos
you had	vosotros habíais
they had	ellos habían
Past Definite.	*Definido.*
I had	yo hube
thou hadst	tú hubiste
he had	él hubo
we had	nosotros hubimos
you had	vosotros hubisteis
they had	ellos hubieron
Future.	*Futuro.*
I shall have	yo habré
thou wilt have	tú habrás
he will have	él habrá
we shall have	nosotros habremos
you will have	vosotros habréis
they will have	ellos habrán
Conditional.	*Condicional.*
I should have	yo habría
thou wouldst have	tú habrías
he would have	él habría
we should have	nosotros habríamos
you would have	vosotros habríais
they would have	ellos habrían
Present Subjunctive.	*Presente de Subjuntivo.*

that I have	que haya
that thou have	que hayas
that he have	que haya
that we have	que hayamos
that you have	que hayáis
that they have	que hayan
Imperfect.	*Imperfecto.*
that I had	que hubiese
that thou hadst	que hubieses
that he had	que hubiese
that we had	que hubiésemos
that you had	que hubieseis
that they had	que hubiesen
Future.	*Futuro.*
that I shall have	que hubiere
that thou wilt have	que hubieres
that he will have	que hubiere
that we shall have	que hubiéremos
that you will have	que hubiereis
that they will have	que hubieren
Conditional.	*Condicional.*
that I should have	que hubiera
that thou wouldst have	que hubieras
that he would have	que hubiera
that we should have	que hubiéramos
that you would have	que hubierais
that they would have	que hubieran

TO BE (permanently).	**SER.**
Present Participle, being.	*Gerundio,* siendo.
Past Participle, been.	*Participio Pasivo,* sido.
Present Indicative.	*Presente de Indicativo.*
I am	soy
thou art	eres

he, she (it) is	es
we are	somos
you (ye) are	sois
they are	son
Imperfect.	*Imperfecto.*
I was	era
thou wast	eras
he was	era
we were	éramos
you were	erais
they were	eran
Past Definite.	*Definido.*
I was	fuí
thou wast	fuiste
he was	fué
we were	fuimos
you were	fuisteis
they were	fueron
Future.	*Futuro.*
I shall be	seré
thou wilt be	serás
he will be	será
we shall be	seremos
you will be	seréis
they will be	serán
Conditional.	*Condicional.*
I should be	sería
thou wouldst be	serías
he would be	sería
we should be	seríamos
you would be	seríais
they would be	serían
Imperative.	*Imperativo.*
be thou	sé
let him be	sea

let us be	seamos
be ye	sed
let them be	sean
Present Subjunctive.	*Presente de Subjuntivo.*
that I be	que sea
that thou be	que seas
that he be	que sea
that we be	que seamos
that you be	que seáis
that they be	que sean
Imperfect.	*Imperfecto.*
that I were	que fuese
that thou wert	que fueses
that he were	que fuese
that we were	que fuésemos
that you were	que fueseis
that they were	que fuesen
Future.	*Futuro.*
that I shall be	que fuere
that thou wilt be	que fueres
that he will be	que fuere
that we shall be	que fuéremos
that you will be	que fuereis
that they will be	que fueren
Conditional.	*Condicional.*
that I should be	que fuera
that thou wouldst be	que fueras
that he would be	que fuera
that we should be	que fuéramos
that you would be	que fuerais
that they would be	que fueran

TO BE (temporarily).	**ESTAR.**
Present Participle, being.	*Gerundio,* estando.

Past Participle,	*Participio Pasivo,*
been.	estado.
Present Indicative.	*Presente de Indicativo.*
I am	estoy
thou art	estás
he, she (it) is	está
we are	estamos
you (ye) are	estáis
they are	están
Imperfect.	*Imperfecto.*
I was	estaba
thou wast	estabas
he was	estaba
we were	estábamos
you were	estabais
they were	estaban
Past Definite.	*Definido.*
I was	estuve
thou wast	estuviste
he was	estuvo
we were	estuvimos
you were	estuvisteis
they were	estuvieron
Future.	*Futuro.*
I shall be	estaré
thou wilt be	estarás
he will be	estará
we shall be	estaremos
you will be	estaréis
they will be	estarán
Conditional.	*Condicional.*
I should be	estaría
thou wouldst be	estarías
he would be	estaría
we should be	estaríamos

you would be	estaríais
they would be	estarían
Imperative.	*Imperativo.*
be thou	está
let him be	esté
let us be	estemos
be ye	estad
let them be	estén
Present Subjunctive.	*Presente de Subjuntivo.*
that I be	que esté
that thou be	que estés
that he be	que esté
that we be	que estemos
that you be	que estéis
that they be	que estén
Imperfect.	*Imperfecto.*
that I were	que estuviese
that thou wert	que estuvieses
that he were	que estuviese
that we were	que estuviésemos
that you were	que estuvieseis
that they were	que estuviesen
Future.	*Futuro.*
that I shall be	que estuviere
that thou wilt be	que estuvieres
that he will be	que estuviere
that we shall be	que estuviéremos
that you will be	que estuviereis
that they will be	que estuvieren
Conditional.	*Condicional.*
that I should be	que estuviera
that thou wouldst be	que estuvieras
that he would be	que estuviera
that we should be	que estuviéramos
that you would be	que estuvierais

that they would be	que estuvieran

The three Regular Conjugations.	***Las tres Conjugaciones Regulares.***

1st in AR.	2nd in ER.	3rd in IR.
To speak, HABLAR.	*To drink,* BEBER.	*To divide,* PARTIR.
	Present Participle.	
hablando	bebiendo	partiendo
	Past Participle.	
hablado	bebido	partido
	Present Indicative.	
hablo	bebo	parto
hablas	bebes	partes
habla	bebe	parte
hablamos	bebemos	partimos
habláis	bebéis	partís
hablan	beben	parten
	Imperfect.	
hablaba	bebía	partía
hablabas	bebías	partías
hablaba	bebía	partía
hablábamos	bebíamos	partíamos
hablabais	bebíais	partíais
hablaban	bebían	partían
	Past Definite.	
hablé	bebí	partí
hablaste	bebiste	partiste
habló	bebió	partió
hablamos	bebimos	partimos
hablasteis	bebisteis	partisteis
hablaron	bebieron	partieron
	Future.	
hablaré	beberé	partiré

hablarás	beberás	partirás
hablará	beberá	partirá
hablaremos	beberemos	partiremos
hablaréis	beberéis	partiréis
hablarán	beberán	partirán

Conditional.

hablaría	bebería	partiría
hablarías	beberías	partirías
hablaría	bebería	partiría
hablaríamos	beberíamos	partiríamos
hablaríais	beberíais	partiríais
hablarían	beberían	partirían

Imperative.

habla	bebe	parte
hable	beba	parta
hablemos	bebamos	partamos
hablad	bebed	partid
hablen	beban	partan

Present Subjunctive.

hable	beba	parta
hables	bebas	partas
hable	beba	parta
hablemos	bebamos	partamos
habléis	bebáis	partáis
hablen	beban	partan

Imperfect.

hablase	bebiese	partiese
hablases	bebieses	partieses
hablase	bebiese	partiese
hablásemos	bebiésemos	partiésemos
hablaseis	bebieseis	partieseis
hablasen	bebiesen	partiesen

Future.

hablare	bebiere	partiere
hablares	bebieres	partieres

hablare	bebiere	partiere
habláremos	bebiéremos	partiéremos
hablareis	bebiereis	partiereis
hablaren	bebieren	partieren

Conditional.

hablara	bebiera	partiera
hablaras	bebieras	partieras
hablara	bebiera	partiera
habláramos	bebiéramos	partiéramos
hablarais	bebierais	partierais
hablaran	bebieran	partieran

The Principal Irregular Verbs.

Los Verbos Irregulares Principales.

To acquire, adquirir: *acquiring*, adquiriendo; *acquired*, adquirido.

Pres. Ind.[13]: *I acquire, etc.*: adquiero, adquieres, adquiere, adquirimos, adquirís, adquieren.

Imperative: *acquire*: adquiere, adquiera, adquiramos, adquirid, adquieran.

Pres. Sub.: *that I acquire, etc.*: que adquiera, adquieras, adquiera, adquiramos, adquiráis, adquieran.

To agree, acordar: *agreeing*, acordando; *agreed*, acordado.

Pres. Ind.: *I agree, etc.*: acuerdo, acuerdas, acuerda, acordamos, acordáis, acuerdan.

Imperative: *agree*: acuerda, acuerde, acordemos, acordad, acuerden.

Pres. Sub.: *that I agree, etc.*: que acuerde, acuerdes, acuerde, acordemos, acordéis, acuerden.

* * * * *

To ask, demand, pedir: *asking*, pidiendo; *asked*, pedido.

Pres. Ind.: *I ask, etc.*: pido, pides, pide, pedimos, pedís, piden.

Past Def.: *I asked, etc.*: pedí, pediste, pidió, pedimos, pedisteis, pidieron.

Imperative: *ask*: pide, pida, pidamos, pedid, pidan.

Pres. Sub.: *that I ask, etc.*: que pida, pidas, pida, pidamos, pidáis, pidan.

[13] Tenses not given are conjugated regularly.

Imperf. Sub.: *that I asked, etc.*: que pidiese, pidieses, pidiese, pidiésemos, pidieseis, pidiesen.

Fut. Sub.: *that I shall ask, etc.*: que pidiere, pidieres, pidiere, pidiéremos, pidiereis, pidieren.

Cond. Sub.: *that I should ask, etc.*: que pidiera, pidieras, pidiera, pidiéramos, pidierais, pidieran.

To be able, poder: *being able*, pudiendo; *been able*, podido.

Pres. Ind.: *I am able (can), etc.*: puedo, puedes, puede, podemos, podéis, pueden.

Past Def.: *I was able (could), etc.*: pude, pudiste, pudo, pudimos, pudisteis, pudieron.

Future: *I shall be able, etc.*: podré, podrás, podrá, podremos, podréis, podrán.

Conditional: *I should be able, etc.*: podría, podrías, podría, podríamos, podríais, podrían.

Pres. Sub.: *that I be able, etc.*: que pueda, puedas, pueda, podamos, podáis, puedan.

Imperf. Sub.: *that I were able, etc.*: que pudiese, pudieses, pudiese, pudiésemos, pudieseis, pudiesen.

Fut. Sub.: *that I shall be able, etc.*: que pudiere, pudieres, pudiere, pudiéremos, pudiereis, pudieren.

Cond. Sub.: *that I should be able, etc.*: que pudiera, pudieras, pudiera, pudiéramos, pudierais, pudieran.

* * * * *

To begin, empezar: *beginning*, empezando; *begun*, empezado.

Pres. Ind.: *I begin, etc.*: empiezo, empiezas, empieza, empezamos, empezáis, empiezan. empecemos, empezad, empiecen.

Pres Sub.: *that I begin, etc.*: que empiece, empieces, empiece, empecemos, empecéis, empiecen.

* * * * *

To bring, traer: *bringing*, trayendo; *brought*, traído.

Pres. Ind.: *I bring, etc.*: traigo, traes, trae, traemos, traéis, traen.

Past Def.: *I brought, etc.*: traje, trajiste, trajo, trajimos, trajisteis, trajeron.

Imperative: *bring*: trae, traiga, traigamos, traed, traigan.

Pres. Sub.: *that I bring, etc.*: que traiga, traigas, traiga, traigamos, traigáis, traigan.

IMPERF. SUB.: *that I brought, etc.*: que trajese, trajeses, trajese, trajésemos, trajeseis, trajesen.

FUT. SUB.: *that I shall bring, etc.*: que trajere, trajeres, trajere, trajéremos, trajereis, trajeren.

COND. SUB.: *that I should bring, etc.*: que trajera, trajeras, trajera, trajéramos, trajerais, trajeran.

* * * * *

TO COME, VENIR: *coming*, viniendo; *come*, venido.

PRES. IND.: *I come, etc.*: vengo, vienes, viene, venimos, venís, vienen. vinimos, vinisteis, vinieron.

FUTURE: *I shall come, etc.*: vendré, vendrás, vendrá, vendremos, vendréis, vendrán.

CONDITIONAL: *I should come, etc.*: vendría, vendrías, vendría, vendríamos, vendríais, vendrían.

IMPERATIVE: *come*: ven, venga, vengamos, venid, vengan.

PRES. SUB.: *that I come, etc.*: que venga, vengas, venga, vengamos, vengáis, vengan.

IMPERF. SUB.: *that I came, etc.*: que viniese, vinieses, viniese, viniésemos, vinieseis, viniesen.

FUT. SUB.: *that I shall come, etc.*: que viniere, vinieres, viniere, viniéremos, viniereis, vinieren.

COND. SUB.: *that I should come, etc.*: que viniera, vinieras, viniera, viniéramos, vinierais, vinieran.

* * * * *

TO COMMENCE, COMENZAR: *commencing*, comenzando; *commenced*, comenzado.

PRES. IND.: *I commence, etc.*: comienzo, comienzas, comienza, comenzamos, comenzáis, comienzan.

IMPERATIVE: *commence*: comienza, comience, comencemos, comenzad, comiencen.

PRES. SUB.: *that I commence, etc.*: que comience, comiences, comience, comencemos, comencéis, comiencen.

* * * * *

TO DO, MAKE, HACER: *doing*, haciendo; *done*, hecho.

PRES. IND.: *I do, etc.*: hago, haces, hace, hacemos, hacéis, hacen.

PAST DEF.: *I did, etc.*: hice, hiciste, hizo, hicimos, hicisteis, hicieron.

FUTURE: *I shall do, etc.*: haré, harás, hará, haremos, haréis, harán.

CONDITIONAL: *I should do, etc.*: haría, harías, haría, haríamos, haríais, harían.

IMPERATIVE: *do*: haz, haga, hagamos, haced, hagan.

PRES. SUB.: *that I do, etc.*: que haga, hagas, haga, hagamos, hagáis, hagan.

IMPERF. SUB.: *that I did, etc.*: que hiciese, hicieses, hiciese, hiciésemos, hicieseis, hiciesen.

FUT. SUB.: *that I shall do, etc.*: que hiciere, hicieres, hiciere, hiciéremos, hiciereis, hicieren.

COND. SUB.: *that I should do, etc.*: que hiciera, hicieras, hiciera, hiciéramos, hicierais, hicieran.

TO FALL, CAER: *falling*, cayendo; *fallen*, caído.

PRES. IND.: *I fall, etc.*: caigo, caes, cae, caemos, caéis, caen.

IMPERATIVE: *fall*: cae, caiga, caigamos, caed, caigan.

PRES. SUB.: *that I fall, etc.*: que caiga, caigas, caiga, caigamos, caigáis, caigan.

* * * * *

TO FEEL, SENTIR: *feeling*, sintiendo; *felt*, sentido.

PRES. IND.: *I feel, etc.*: siento, sientes, siente, sentimos, sentís, sienten.

PAST DEF.: *I felt, etc.*: sentí, sentiste, sintió, sentimos, sentisteis, sintieron.

IMPERATIVE: *feel*: siente, sienta, sintamos, sentid, sientan.

PRES. SUB.: *that I feel, etc.*: que sienta, sientas, sienta, sintamos, sintáis, sientan.

IMPERF. SUB.: *that I felt, etc.*: que sintiese, sintieses, sintiese, sintiésemos, sintieseis, sintiesen.

FUT. SUB.: *that I shall feel, etc.*: que sintiere, sintieres, sintiere, sintiéremos, sintiereis, sintieren.

COND. SUB.: *that I should feel, etc.*: que sintiera, sintieras, sintiera, sintiéramos, sintierais, sintieran.

TO FOLLOW, SEGUIR: *following*, siguiendo; *followed*, seguido.

PRES. IND.: *I follow, etc.*: sigo, sigues, sigue, seguimos, seguís, siguen.

PAST DEF.: *I followed, etc.*: seguí, seguiste, siguió, seguimos, seguisteis, siguieron.

IMPERATIVE: *follow*: sigue, siga, sigamos, seguid, sigan.

PRES. SUB.: *that I follow, etc.*: que siga, sigas, siga, sigamos, sigáis, sigan.

IMPERF. SUB.: *that I followed, etc.*: que siguiese, siguieses, siguiese, siguiésemos, siguieseis, siguiesen.

FUT. SUB.: *that I shall follow, etc.*: que siguiere, siguieres, siguiere, siguiéremos siguiereis, siguieren.

COND. SUB.: *that I should follow, etc.*: que siguiera, siguieras, siguiera, siguiéramos, siguierais, siguieran.

* * * * *

TO GIVE, DAR: *giving*, dando; *given*, dado.

PRES. IND.: *I give, etc.*: doy, das, da, damos, dais, dan.

PAST DEF.: *I gave, etc.*: di, diste, dió, dimos, disteis, dieron.

IMPERF. SUB.: *that I gave, etc.*: que diese, dieses, diese, diésemos, dieseis, diesen.

FUT. SUB.: *that I shall give, etc.*: que diere, dieres, diere, diéremos, diereis, dieren.

COND. SUB.: *that I should give, etc.*: que diera, dieras, diera, diéramos, dierais, dieran.

* * * * *

TO GO, IR: *going*, yendo; *gone*, ido.

PRES. IND.: *I go, etc.*: voy, vas, va, vamos, vais, van.

IMPERFECT: *I used to go, etc.*: iba, ibas, iba, íbamos, ibais, iban.

PAST DEF.: *I went, etc.*: fuí, fuiste, fué, fuimos, fuisteis, fueron.

IMPERATIVE: *go*: ve, vaya, vamos (vayamos), id, vayan.

PRES. SUB.: *that I go, etc.*: que vaya, vayas, vaya, vayamos, vayáis, vayan.

IMPERF. SUB.: *that I went, etc.*: que fuese, fueses, fuese, fuésemos, fueseis, fuesen.

FUT. SUB.: *that I shall go, etc.*: que fuere, fueres, fuere, fuéremos, fuereis, fueren.

COND. SUB.: *that I should go, etc.*: que fuera, fueras, fuera, fuéramos, fuerais, fueran.

* * * * *

TO GO OUT, SALIR: *going out*, saliendo; *gone out*, salido.

PRES. IND.: *I go out, etc.*: salgo, sales, sale, salimos, salís, salen.

FUTURE: *I shall go out, etc.*: saldré, saldrás, saldrá, saldremos, saldréis, saldrán.

CONDITIONAL: *I should go out, etc.*: saldría, saldrías, saldría, saldríamos, saldríais, saldrían.

IMPERATIVE: *go out*: sal, salga, salgamos, salid, salgan.

PRES. SUB.: *that I go out, etc.*: que salga, salgas, salga, salgamos, salgáis, salgan.

* * * * *

TO GUESS, ACERTAR: *guessing*, acertando; *guessed*, acertado.

PRES. IND.: *I guess, etc.*: acierto, aciertas, acierta, acertamos, acertáis, aciertan.

IMPERATIVE: *guess*: acierta, acierte, acertemos, acertad, acierten.

PRES. SUB.: *that I guess, etc.*: que acierte, aciertes, acierte, acertemos, acertéis, acierten.

* * * * *

TO HEAR, OIR: *hearing*, oyendo; *heard*, oído.

PRES. IND.: *I hear, etc.*: oigo, oyes, oye, oímos, oís, oyen.

IMPERATIVE: *hear*: oye, oiga, oigamos, oíd, oigan.

PRES. SUB.: *that I hear, etc.*: que oiga, oigas, oiga, oigamos, oigáis, oigan.

* * * * *

TO KNOW, BE ACQUAINTED WITH, CONOCER: *knowing*, conociendo; *known*, conocido.

PRES. IND.: *I know, etc.*: conozco, conoces, conoce, conocemos, conocéis, conocen.

IMPERATIVE: *know*: conoce, conozca, conozcamos, conoced, conozcan.

PRES. SUB.: *that I know, etc.*: que conozca, conozcas, conozca, conozcamos, conozcáis, conozcan.

* * * * *

TO KNOW, BE AWARE, SABER: *knowing*, sabiendo; *known*, sabido.

PRES. IND.: *I know, etc.*: sé, sabes, sabe, sabemos, sabéis, saben.

PAST DEF.: *I knew, etc.*: supe, supiste, supo, supimos, supisteis, supieron.

FUTURE: *I shall know, etc.*: sabré, sabrás, sabrá, sabremos, sabréis, sabrán.

CONDITIONAL: *I should know, etc.*: sabría, sabrías, sabría, sabríamos, sabríais, sabrían.

IMPERATIVE: *know*: sabe, sepa, sepamos, sabed, sepan.

PRES. SUB.: *that I know, etc.*: que sepa, sepas, sepa, sepamos, sepáis, sepan.

IMPERF. SUB.: *that I knew, etc.*: que supiese, supieses, supiese, supiésemos, supieseis, supiesen.

FUT. SUB.: *that I shall know, etc.*: que supiere, supieres, supiere, supiéremos, supiereis, supieren.

COND. SUB.: *that I should know, etc.*: que supiera, supieras, supiera, supiéramos, supierais, supieran.

To lose, perder: *losing*, perdiendo; *lost*, perdido.

Pres. Ind.: *I lose, etc.*: pierdo, pierdes, pierde, perdemos, perdéis, pierden.

Imperative: *lose*: pierde, pierda, perdamos, perded, pierdan.

Pres. Sub.: *that I lose, etc.*: que pierda, pierdas, pierda, perdamos, perdáis, pierdan.

* * * * *

To meet, encontrar: *meeting*, encontrando; *met*, encontrado.

Pres. Ind.: *I meet, etc.*: encuentro, encuentras, encuentra, encontramos, encontráis, encuentran.

Imperative: *meet*: encuentra, encuentre, encontremos, encontrad, encuentren.

Pres. Sub.: *that I meet, etc.*: que encuentre, encuentres, encuentre, encontremos, encontréis, encuentren.

* * * * *

To play, jugar: *playing*, jugando; *played*, jugado.

Pres. Ind.: *I play, etc.*: juego, juegas, juega, jugamos, jugáis, juegan.

Imperative: *play*: juega, juegue, juguemos, jugad, jueguen.

Pres. Sub.: *that I play, etc.*: que juegue, juegues, juegue, juguemos, juguéis, jueguen.

* * * * *

To put, poner: *putting*, poniendo; *put*, puesto.

Pres. Ind.: *I put, etc.*: pongo, pones, pone, ponemos, ponéis, ponen.

Past Def.: *I put, etc.*: puse, pusiste, puso, pusimos, pusisteis, pusieron.

Future: *I shall put, etc.*: pondré, pondrás, pondrá, pondremos, pondréis, pondrán.

Conditional: *I should put, etc.*: pondría, pondrías, pondría, pondríamos, pondríais, pondrían.

Imperative: *put*: pon, ponga, pongamos, poned, pongan.

Pres. Sub.: *that I put, etc.*: que ponga, pongas, ponga, pongamos, pongáis, pongan.

Imperf. Sub.: *that I put, etc.*: que pusiese, pusieses, pusiese, pusiésemos, pusieseis, pusiesen.

Fut. Sub.: *that I shall put, etc.*: que pusiere, pusieres, pusiere, pusiéremos, pusiereis, pusieren.

COND. SUB.: *that I should put, etc.*: que pusiera, pusieras, pusiera, pusiéramos, pusierais, pusieran.

* * * * *

TO RETURN, VOLVER: *returning*, volviendo; *returned*, vuelto.

PRES. IND.: *I return, etc.*: vuelvo, vuelves, vuelve, volvemos, volvéis, vuelven.

IMPERATIVE: *return*: vuelve, vuelva, volvamos, volved, vuelvan.

Pres. Sub.: *that I return, etc.*: que vuelva, vuelvas, vuelva, volvamos, volváis, vuelvan.

* * * * *

TO SAY, TELL, DECIR: *saying*, diciendo; *said*, dicho.

PRES. IND.: *I say, etc.*: digo, dices, dice, decimos, decís, dicen.

PAST DEF.: *I said, etc.*: dije, dijiste, dijo, dijimos, dijisteis, dijeron.

FUTURE: *I shall say, etc.*: diré, dirás, dirá, diremos, diréis, dirán.

CONDITIONAL: *I should say, etc.*: diría, dirías, diría, diríamos, diríais, dirían.

IMPERATIVE: *say*: dí, diga, digamos, decid, digan.

PRES. SUB.: *that I say, etc.*: que diga, digas, diga, digamos, digáis, digan.

IMPERF. SUB.: *that I said, etc.*: que dijese, dijeses, dijese, dijésemos, dijeseis, dijesen.

FUT. SUB.: *that I shall say, etc.*: que dijere, dijeres, dijere, dijéremos, dijereis, dijeren.

COND. SUB.: *that I should say, etc.*: que dijera, dijeras, dijera, dijéramos, dijerais, dijeran.

* * * * *

TO SEE, VER: *seeing*, viendo; *seen*, visto.

PRES. IND.: *I see, etc.*: veo, ves, ve, vemos, veis, ven.

IMPERFECT: *I used to see, etc.*: veía, veías, veía, veíamos, veíais, veían.

IMPERATIVE: *see*: ve, vea, veamos, ved, vean.

PRES. SUB.: *that I see, etc.*: que vea, veas, vea, veamos, veáis, vean.

* * * * *

TO SLEEP, DORMIR: *sleeping*, durmiendo; *slept*, dormido.

PRES. IND.: *I sleep, etc.*: duermo, duermes, duerme, dormimos, dormís, duermen.

PAST DEF.: *I slept, etc.*: dormí, dormiste, durmió, dormimos, dormisteis, durmieron.

IMPERATIVE: *sleep*: duerme, duerma, durmamos, dormid, duerman.

PRES. SUB.: *that I sleep, etc.*: que duerma, duermas, duerma, durmamos, durmáis, duerman.

IMPERF. SUB.: *that I slept, etc.*: que durmiese, durmieses, durmiese, durmiésemos, durmieseis, durmiesen.

FUT. SUB.: *that I shall sleep, etc.*: que durmiere, durmieres, durmiere, durmiéremos, durmiereis, durmieren.

COND. SUB.: *that I should sleep, etc.*: que durmiera, durmieras, durmiera, durmiéramos, durmierais, durmieran.

* * * * *

TO THANK, AGRADECER: *thanking*, agradeciendo, *thanked*, agradecido.

PRES. IND.: *I thank, etc.*: agradezco, agradeces, agradece, agradecemos, agradecéis, agradecen.

IMPERATIVE: *thank*: agradece, agradezca, agradezcamos, agradeced, agradezcan.

PRES. SUB.: *that I thank, etc.*: que agradezca, agradezcas, agradezca, agradezcamos, agradezcáis, agradezcan.

* * * * *

TO THINK, PENSAR: *thinking*, pensando; *thought*, pensado.

PRES. IND.: *I think, etc.*: pienso, piensas, piensa, pensamos, pensáis, piensan.

IMPERATIVE: *think*: piensa, piense, pensemos pensad, piensen.

PRES. SUB.: *that I think, etc.*: que piense, pienses, piense, pensemos, penséis, piensen.

* * * * *

TO WALK, ANDAR: *walking*, andando; *walked*, andado.

PAST DEF.: *I walked, etc.*: anduve, anduviste, anduvo, anduvimos, anduvisteis, anduvieron.

IMPERF. SUB.: *that I walked, etc.*: que anduviese, anduvieses, anduviese, anduviésemos, anduvieseis, anduviesen.

FUT. SUB.: *that I shall walk, etc.*: que anduviere, anduvieres, anduviere, anduviéremos, anduviereis, anduvieren.

COND. SUB.: *that I should walk, etc.*: que anduviera, anduvieras, anduviera, anduviéramos, anduvierais, anduvieran.

* * * * *

TO WISH, LIKE, QUERER: *wishing*, queriendo; *wished*, querido.

PRES. IND.: *I wish, etc.*: quiero, quieres, quiere, queremos, queréis, quieren.

PAST DEF.: *I wished, etc.*: quise, quisiste, quiso, quisimos, quisisteis, quisieron.

FUTURE: *I shall wish, etc.*: querré, querrás, querrá, querremos, querréis, querrán.

CONDITIONAL: *I should wish, etc.*: querría, querrías, querría, querríamos, querríais, querrían.

IMPERATIVE: *wish*: quiere, quiera, queramos, quered, quieran.

PRES. SUB.: *that I wish, etc.*: que quiera, quieras, quiera, queramos, queráis, quieran.

IMPERF. SUB.: *that I wished, etc.*: que quisiese, quisieses, quisiese, quisiésemos, quisieseis, quisiesen.

FUT. SUB.: *that I shall wish, etc.*: que quisiere, quisieres, quisiere, quisiéremos, quisiereis, quisieren.

COND. SUB.: *that I should wish, etc.*: que quisiera, quisieras, quisiera, quisiéramos, quisierais, quisieran.

Verbs with their Past Participles. **ENGLISH.**	***Verbos con sus Participios Pasivos.*** **SPANISH.**
to accept, accepted	aceptar, aceptado
to accompany, accompanied	acompañar, acompañado
to admire, admired	admirar, admirado
to amuse, amused	divertir, divertido
to answer, answered	contestar, contestado; responder, respondido
to arrive, arrived	llegar, llegado
to ask, asked	preguntar, preguntado; pedir, pedido
to assure, assured	asegurar, asegurado
to attend, attended	atender, atendido
to avoid, avoided	evitar, evitado
to await, awaited	esperar, esperado; aguardar, aguardado
to bathe, bathed	bañar, bañado
to be, been	ser, sido; estar, estado
to be able, been able	poder, podido
to begin, begun	empezar, empezado; comenzar, comenzado
to believe, believed	creer, creído

to bite, bitten	morder, mordido
to bring, brought	traer, traído
to brush, brushed	cepillar, cepillado
to build, built	construir, construído; edificar, edificado
to buy, bought	comprar, comprado
to call, called	llamar, llamado
to carry, carried	llevar, llevado
to catch, caught	coger, cogido
to change, changed	cambiar, cambiado
to charge, charged	cargar, cargado
to choose, chosen	escoger, escogido
to clean, cleaned	limpiar, limpiado
to come, come	venir, venido
to come back, come back	volver, vuelto
to condemn, condemned	condenar, condenado
to confirm, confirmed	confirmar, confirmado
to consent, consented	consentir, consentido
to conserve, conserved	conservar, conservado
to cook, cooked	cocer, cocido
to copy, copied	copiar, copiado
to cough, coughed	toser, tosido
to cover, covered	cubrir, cubierto
to cross, crossed	cruzar, cruzado
to cry, cried	llorar, llorado
to cut, cut	cortar, cortado
to dance, danced	bailar, bailado; danzar, danzado
to deny, denied	negar, negado
to despise, despised	despreciar, despreciado
to destroy, destroyed	destruir, destruido
to die, died	morir, muerto
to differ, differed	diferir, diferido
to dine, dined	comer, comido
to discover, discovered	descubrir, descubierto
to do, done	hacer, hecho

to doubt, doubted	dudar, dudado
to dress, dressed	vestir, vestido
to drink, drunk	beber, bebido
to eat, eaten	comer, comido
to employ, employed	emplear, empleado
to enjoy, enjoyed	gozar, gozado; disfrutar, disfrutado
to enquire, enquired	preguntar, preguntado
to enter, entered	entrar, entrado
to err, erred	errar, errado
to esteem, esteemed	estimar, estimado
to examine, examined	examinar, examinado
to exclaim, exclaimed	exclamar, exclamado
to expect, expected	esperar, esperado
to fall, fallen	caer, caído
to fear, feared	temer, temido
to feel, felt	sentir, sentido
to fill, filled	llenar, llenado
to find, found	hallar, hallado; encontrar, encontrado
to finish, finished	acabar, acabado
to follow, followed	seguir, seguido
to forget, forgotten	olvidar, olvidado
to forward, forwarded	expedir, expedido
to give, given	dar, dado
to go, gone	ir, ido
to grant, granted	conceder, concedido
to greet, greeted	saludar, saludado
to guess, guessed	adivinar, adivinado
to hate, hated	odiar, odiado
to have, had	tener, tenido; haber, habido
to hear, heard	oír, oído
to help, helped	ayudar, ayudado
to hope, hoped	esperar, esperado
to insist, insisted	insistir, insistido
to invite, invited	invitar, invitado; convidar convidado
to judge, judged	juzgar, juzgado

to jump, jumped	saltar, saltado
to keep, kept	guardar, guardado
to kill, killed	matar, matado (muerto)
to kiss, kissed	besar, besado
to know, known	conocer, conocido; saber, sabido
to laugh, laughed	reír, reído
to learn, learned	aprender, aprendido
to lend, lent	prestar, prestado
to lift, lifted	levantar, levantado
to listen, listened	escuchar, escuchado
to live, lived	vivir, vivido
to lock, locked	cerrar, cerrado
to look, looked	mirar, mirado
to lose, lost	perder, perdido
to love, loved	amar, amado
to make, made	hacer, hecho
to marry, married	casar, casado
to mention, mentioned	mencionar, mencionado
to milk, milked	ordeñar, ordeñado
to mix, mixed	mezclar, mezclado
to move, moved	mover, movido
to obey, obeyed	obedecer, obedecido
to oblige, obliged	obligar, obligado
to observe, observed	observar, observado
to obtain, obtained	obtener, obtenido
to occupy, occupied	ocupar, ocupado
to offer, offered	ofrecer, ofrecido
to open, opened	abrir, abierto
to order, ordered	ordenar, ordenado; mandar, mandado
to paint, painted	pintar, pintado
to pass, passed	pasar, pasado
to pay, paid	pagar, pagado
to place, placed	colocar, colocado; poner, puesto
to plant, planted	plantar, plantado
to praise, praised	alabar, alabado

to pray, prayed	orar, orado; rogar, rogado
to prefer, preferred	preferir, preferido
to prepare, prepared	preparar, preparado
to preserve, preserved	preservar, preservado; conservar, conservado
to prevent, prevented	impedir, impedido
to print, printed	imprimir, impreso
to produce, produced	producir, producido
to promise, promised	prometer, prometido
to propose, proposed	proponer, propuesto
to prove, proved	probar, probado
to pull, pulled	tirar, tirado
to punish, punished	castigar, castigado
to push, pushed	empujar, empujado
to put, put	poner, puesto
to quarrel, quarrelled	reñir, reñido
to read, read	leer, leído
to receive, received	recibir, recibido
to refuse, refused	rehusar, rehusado
to reign, reigned	reinar, reinado
to relate, related	relatar, relatado; contar, contado
to remain, remained	quedar, quedado
to remember, remembered	recordar, recordado
to repair, repaired	reparar, reparado
to repeat, repeated	repetir, repetido
to require, required	necesitar, necesitado
to resolve, resolved	resolver, resuelto
to rest, rested	descansar, descansado
to return, returned	volver, vuelto
to reward, rewarded	recompensar, recompensado
to rob, robbed	robar, robado
to row, rowed	remar, remado
to rub, rubbed	frotar, frotado
to run, run	correr, corrido
to salute, saluted	saludar, saludado

to satisfy, satisfied	satisfacer, satisfecho
to save, saved	salvar, salvado
to say, said	decir, dicho
to scratch, scratched	rascar, rascado; arañar, arañado
to see, seen	ver, visto
to seek, sought	buscar, buscado
to seem, seemed	parecer, parecido
to sell, sold	vender, vendido
to send, sent	enviar, enviado; mandar, mandado
to separate, separated	separar, separado
to serve, served	servir, servido
to sew, sewn	coser, cosido
to shake, shaken	sacudir, sacudido
to show, shown	mostrar, mostrado
to shut, shut	cerrar, cerrado
to sing, sung	cantar, cantado
to sleep, slept	dormir, dormido
to smile, smiled	sonreir, sonreído
to smoke, smoked	fumar, fumado
to speak, spoken	hablar, hablado
to spend, spent	gastar, gastado
to squander, squandered	malgastar, malgastado
to start, started	salir, salido
to stay, stayed	quedar(se), quedado
to steal, stolen	robar, robado
to study, studied	estudiar, estudiado
to suffer, suffered	sufrir, sufrido
to suffice, sufficed	bastar, bastado
to sup, supped	cenar, cenado
to suppose, supposed	suponer, supuesto
to suspect, suspected	sospechar, sospechado
to swallow, swallowed	tragar, tragado
to take, taken	tomar, tomado
to talk, talked	charlar, charlado
to taste, tasted	probar, probado

to teach, taught	enseñar, enseñado
to tell, told	decir, dicho
to thank, thanked	agradecer, agradecido
to think, thought	pensar, pensado
to tire, tired	cansar, cansado
to touch, touched	tocar, tocado
to travel, travelled	viajar, viajado
to try, tried	probar, probado; procurar, procurado
to understand, understood	entender, entendido; comprender, comprendido
to use, used	usar, usado
to visit, visited	visitar, visitado
to walk, walked	andar, andado
to want, wanted	necesitar, necesitado
to warm, warmed	calentar, calentado
to wash, washed	lavar, lavado
to win, won	ganar, ganado
to wish, wished	desear, deseado; querer, querido
to work, worked	trabajar, trabajado
to write, written	escribir, escrito

Part II. (Segunda Parte.)

Useful Phrases. (Frases Útiles.)

ENGLISH.	SPANISH.
Titles.	***Títulos.***
Sir, or gentleman	Señor, caballero
Sirs, or gentlemen	Señores, caballeros
Madam	Señora
Miss	Señorita
A lady	Una señora
Ladies	Señoras
Some ladies	Unas (Algunas) señoras
A young lady	Una señorita
Young ladies	Señoritas
Some young ladies	Unas (Algunas) señoritas

Asking Questions.	***Hacer Preguntas.***
What is that?	¿Qué es eso?
What is this?	¿Qué es esto?
What is it?	¿Que es?
What do you call that?	¿Cómo (le) llama V. a eso?
What is the name of this?	¿Cómo se llama esto?
This is called....	Esto se llama....
What is the Spanish for...?	¿Cómo se dice en español...?

Tell me the Spanish for this word.	Dígame V. como se dice esta palabra en español.
May I ask you if...?	¿Me permite V. que le pregunte si...?
May I take the liberty of asking you if...?	¿Puedo permitirme preguntarle si...?
May I trouble you to...?	¿Me hace V. el favor de...?
What do you want?	¿Qué quiere V.? ¿Qué pide V.?
What do you wish to have?	¿Qué desea V.? ¿Qué se le ofrece a V.?
Do you hear me?	¿Me oye V.?
Do you understand what I say?	¿Comprende V. lo que le digo?
Yes, Sir (I do)	Sí, Señor (comprendo).
No, Sir (I do not)	No, Señor (no comprendo).
Will you have the goodness to say it again?	¿Quiere V. tener la bondad de repetirlo?
What do you say?	¿Qué dice V.?
What do you mean?	¿Qué quiere V. decir?
What do you say to it?	¿Qué dice V. de ello? ¿Qué le parece a V.?
Does she understand what we say?	¿Comprende ella lo que decimos?
Did you speak to me?	¿Me habló V. a mí?
Why do you not answer?	¿Por qué no responde V.?
What did they answer?	¿Qué respondieron ellos?
When did you hear that?	¿Cuándo oyó V. eso?
Are you sure of that?	¿Está V. seguro de eso?
Who told you so?	¿Quién se lo ha dicho a V.?
What does it mean?	¿Qué quiere decir eso?
What is the matter?	¿Qué hay? ¿Qué pasa?
What are you doing?	¿Qué hace V.?
What are you asking for?	¿Qué pide V.?
Whom do you ask for?	¿Por quién pregunta V.?
What do you think of it?	¿Qué piensa V. de ello?
What are you thinking of?	¿En qué está V. pensando?
Where are you going?	¿A dónde va V.?
Are you going there?	¿Va V. allá?
Are you going home?	¿Va V. a casa?
How far do you go?	¿Hasta dónde va V.?

Where do you wish to go?	¿Dónde quiere V. ir?
Which way shall we go?	¿Por dónde iremos?
Has he gone?	¿Se marchó?
Where do you come from?	¿De dónde viene V.?
Will you come with me?	¿Quiere V. venir conmigo?
Will you be at home to-night?	¿Estará V. en casa esta noche?
When will you come?	¿Cuándo vendrá V.?
When do you leave for England?	¿Cuándo se marcha V. para Inglaterra?
Whose stick is this?	¿De quién es este bastón?
Will you have it?	¿Lo quiere V.?
Whose books are these?	¿De quién son estos libros?
Will you send them to me?	¿Quiere V. enviármelos?
How much will you give?	¿Cuánto quiere V. dar (pagar)?
How much do you want?	¿Cuánto pide V.?
How much do I owe you?	¿Cuánto le debo a V.?
What shall we do?	¿Qué haremos?
I do not know what to do.	No sé qué hacer.
What would you advise me to do?	¿Qué me aconseja V. que haga?
What is to be done?	¿Qué hacer? ¿Que se ha de hacer?
What is the news?	¿Qué noticias hay?
Is there any news?	¿Hay noticias?
Have you seen the newspapers?	¿Ha visto V. los periódicos?
Where is it?	¿Dónde está?
Where are they?	¿Dónde están?
What is the use of that?	¿Para qué sirve eso?
For whom is it?	¿Para quién es?
What do you want me for?	¿Para qué me quiere V.?
Is the door open?	¿Está abierta la puerta?
Are the windows shut?	¿Están cerradas las ventanas?
Will you allow me?	¿Me permite V.?
Will you do me a favour?	¿Me hace V. un favor?
Will you do me the favour of...?	¿Quiere V. hacerme el favor de...?
Will you be kind enough to...?	¿Quiere V. tener la bondad de...?
I have a favour to ask of you.	Tengo que pedirle a V. un favor.
Will you render me a service?	¿Quiere V. prestarme un servicio?

Thanks.	***Gracias.***
Thank you. Thanks.	Doy a V. las gracias. Gracias.
Many thanks. Thank you very much.	Muchas gracias. Muchísimas gracias. Mil gracias. Un millón de gracias.
I am very much obliged to you.	Estoy muy agradecido (reconocido) a V.
I am giving you a great deal of trouble.	Doy a V. mucho trabajo (mucha molestia).
I am sorry to trouble you (give you so much trouble).	Siento molestarle tanto. Siento darle (causarle) tanta molestia.
No trouble at all.	Molestia, ninguna.
Do not mention it.	No hay de qué.

Asking the Way in Town. In the Street.	***Preguntar por el Camino en una Ciudad. En la Calle.***
Is this the way to...?	¿Es éste el camino de...?
Is this the way to go to...?	¿Es éste el camino para ir a...?
Is this the road that leads to...?	¿Es éste el camino que conduce a...?
Does this road lead to...?	¿Conduce este camino a...?
Which is the way to...?	¿Por dónde se va a...?
You are going the right way.	Va V. bien.
You are going the wrong way.	Va V. mal. No va V. bien.
How far is it from here to...?	¿Cuánto hay de aquí a...?
Is it far from here to...?	¿Está lejos de aquí el...?
Is it very far from here to...?	¿Está muy lejos de aquí el...?
No, it is not far.	No, no está lejos.
It is scarcely two miles.	Hay apenas dos millas.
It is only two steps from here.	Sólo está a dos pasos de aquí.
It is only a short distance away.	Está a poca distancia (a corto trecho).
One Spanish league.	Una legua española.
One English mile.	Una milla inglesa.
Three miles are one league (5 kilometres).	Tres millas hacen una legua (5 kilómetros).
It is about one mile.	Hay cosa de una milla.
It is quite a mile from here to....	Hay una buena milla de aquí a....

It is not quite a mile.	Hay apenas una milla.
Which way am I to go?	¿Qué camino debo seguir?
Which way must I go?	¿Por dónde debo ir?
Go straight on.	Vaya V. todo derecho.
Turn to the right.	Tome V. a la derecha.
Go to the left.	Tome V. a la izquierda.
You will turn to the right at the first corner, then to the left, and then keep straight on.	En la primera esquina tomará V. a la derecha, luego a la izquierda, y después irá V. todo derecho.
You are going a round-about way.	Hace V. un rodeo. Va V. descaminado (fuera de camino).
Pardon me, Sir, can you direct me to the hotel "Four Nations?"	V. dispense, Caballero, ¿podría V. enseñarme el camino de la fonda "Cuatro Naciones?"
Sir, would you have the kindness to show me the way to... Street?	Señor, ¿tendría V. la bondad de enseñarme el camino de la calle...?
I have lost my way.	Me he extraviado. He errado el camino.
I have lost myself in these narrow streets.	Me he perdido (extraviado) en estas calles estrechas.
Do you know which is the way to the Theatre Royal?	¿Sabe V. cuál es el camino del Teatro Real?
I am very sorry, Sir, I do not know, but this policeman here will be able to tell you.	Siento mucho, Señor, no saberlo, pero este municipal podrá decírselo.
How far is it from here to the Southern Railway Station?	¿Cuánto hay de aquí a la Estación del Ferrocarril del Sur?
Where can I find a cab?	¿Dónde encontraré un coche?
Is there a 'bus from here to the Zoological Gardens?	¿Hay algún ómnibus de aquí al Jardín Zoológico?
Yes, Sir, there is the green 'bus which runs along the embankment.	Sí, Señor, hay el ómnibus verde que pasa por los muelles.
There is a tramway.	Hay tranvía.
How much is the fare?	¿Cuánto se cobra? ¿Cuánto es?
Is there a museum in this town?	¿Hay algún museo en esta ciudad?
Can you tell me where the Picture Gallery is?	¿Puede V. decirme dónde se halla la Galería de Pinturas?

Could you show me the way to the Royal Square?	¿Podría V. enseñarme el camino de la Plaza Real?
Is it far to the theatre from here?	¿Está lejos de aquí el teatro?
Will you have the kindness to tell me in which part of the town is the Royal Palace?	¿Quiere V. tener la bondad de decirme en qué parte de la ciudad se encuentra el Palacio Real?
If you follow this street until you come to the Cathedral, you will see the palace on the right.	Si sigue V. por esta calle hasta llegar a la catedral, verá V. el palacio a su derecha.
The theatre is on your left, about fifty paces from here.	El teatro está a su izquierda de V., a unos cincuenta pasos de aquí.
Where is the post-office?	¿Donde está el correo?
It is not far from here; you will get there in five minutes, if you follow the tram-lines.	No está lejos de aquí; siguiendo el tranvía, llegará V. allí dentro de cinco minutos.
Cabman, drive me to the Northern Station; hurry up.	Cochero, lléveme a la Estación del Norte; despache V.
Drive faster.	Apriete V. el paso.
Drive me to the Victoria Hotel.	Lléveme V. a la Fonda Victoria.
I engage you by the hour (by distance).	Le tomaré por hora(s) (por carrera).
Take me first to St. John Street, number four.	Lléveme primero a la calle San Juan, número cuatro.
And now I want to go to the Botanical Gardens.	Y ahora quiero ir al Jardín Botánico.
How much is your fare?	¿Cuánto lleva V.? ¿Cuánto es?
Three pesetas, if you please.	Tres pesetas, si V. gusta.

Making Enquiries about Someone. — *Informarse de Alguien.*

Will you have the goodness to tell me...?	¿Quiere V. tener la bondad de decirme...?
Will you tell me, if you please...?	¿Me hace V. el favor de decirme...?
Where does Mr. B. live?	¿Dónde vive el señor B.?
Do you know Mr. B.?	¿Conoce V. al señor B.?
No, Sir.	No, Señor.
No, Sir, I do not.	No, Señor, no le conozco.

I do not know anybody body of that name here.	No conozco a nadie aquí que así se llame.
Yes, Sir, I know him.	Sí, Señor, le conozco.
I know him very well.	Le conozco muy bien.
I have the honour of his acquaintance.	Tengo el honor de conocerle.
Will you favour me with his address?	¿Tiene V. la bondad de darme sus señas?
In what street does he live?	¿En qué calle vive?
He lives near....	Vive cerca de...
Is it far from here?	¿Está lejos de aquí?
It is only a stone's throw.	Está a tiro de piedra.
Can you direct me to his house?	¿Puede V. dirigirme a su casa?
I am going that way myself.	Voy yo mismo por ese camino.
I will show you his house.	Le enseñaré su casa.
It is very far from here.	Está muy lejos de aquí.
In that case I will take a cab.	En ese caso tomaré un coche.
Call a cab.	Llame V. un coche.
Drive me to No. 4,... Street.	Lléveme V. a la calle..., número cuatro.
Stop at this house.	Pare V. en esta casa.
On the right side going up.	Subiendo, a la derecha.
On the left side going down.	Bajando, a la izquierda.
At that brick house.	En esa casa de ladrillos.
At that marble house.	En esa casa de mármol.

Enquiries concerning a Journey.	***Preguntas acerca de un Viaje.***
I want to go to...	Quiero ir a...
Is the road good?	¿Es bueno el camino?
It is not very bad.	No es muy malo.
It is shocking in winter.	En invierno está malísimo.
It is pretty good at this season.	En esta estación está bastante bueno.
Is the road sandy?	¿Es arenoso el camino?
The road is wide.	El camino es ancho.
I am going to book my seat at the coach office.	Voy al paradero de diligencias para tomar mi asiento.

I prefer going by the mail.	Prefiero ir en el correo.
I do not like the steamboat.	No me gusta el vapor.
How much is the fare?	¿Cuál es el precio del billete?
Three pesetas.	Tres pesetas.
How many miles is it from here to B.?	¿Cuántas millas hay de aquí a B.?
I did not think it was so far.	No creía que estuviese tan lejos.
When shall we start?	¿Cuándo saldremos?
To-morrow morning at six o'clock.	Mañana por la mañana a las seis.
And at what o'clock shall we reach B.?	¿Y a qué hora llegaremos a B.?
At eight in the evening.	A las ocho de la noche.
Where are we to breakfast?	¿Dónde almorzamos?
Where shall we dine?	¿Dónde comeremos?
Where shall we have tea?	¿Dónde tomaremos el té?
All the passengers are here.	Todos los pasajeros están aquí.
Let us start then.	Pues, vamos.
Driver, what prevents you from starting?	Cochero, ¿por qué se demora?
At last we have started.	Por fin estamos en camino.
Shut the door.	Cierre V. la portezuela.
Where are we?	¿Dónde estamos?
What is the name of this village?	¿Cómo se llama esta aldea?
Does the coach stop here?	¿Se para aquí la diligencia?
Yes, Sir, to change the horses.	Sí, Señor, para cambiar de tiro.
Shall we have time for refreshments?	¿Tendremos tiempo para tomar algún refresco?
At what hotel does the coach put up?	¿En qué hotel se para la diligencia?
At the United States Hotel.	En el Hotel de los Estados Unidos.
We have arrived at last.	Por fin hemos llegado.
Have you any baggage to carry, Sir?	Señor, ¿tiene V. algún equipaje que llevar?
Yes, take this trunk.	Sí, tome V. este baúl.
Yes, take this portmanteau.	Sí, tome V. esta maleta.
I want a single bedded room.	Necesito un cuarto con cama para uno.
At what o'clock shall we have supper?	¿A qué hora cenaremos?
At half-past eight.	A las ocho y media.

I shall go to bed early.	Me acostaré temprano.
I am very tired.	Estoy muy cansado.
The road was very bad.	El camino estaba muy malo.
Why did you not choose the steamboat?	¿Por qué no tomó V. el vapor?
One travels by it much more comfortably.	Por vapor se viaja con mucha más comodidad.
I think I shall go by it another time.	Creo que otra vez lo tomaré.
Where is the railway station?	¿Dónde está la estación del ferrocarril?
Show me the booking office.	Enséñeme V. el despacho de billetes.
I want a ticket to Paris.	Un billete para París.
What class?	¿Qué clase?
1st cl., 2nd cl., 3rd cl.	Primera, segunda, tercera clase.
Single or return?	¿Sencillo o de ida y vuelta?
Is there a through train to...?	¿Hay tren directo para...?
May I break my journey at...?	¿Puedo pararme en...?
Is there a ladies' compartment?	¿Hay coche para señoras?
Is there a smoking compartment?[14]	¿Hay coche para fumadores?
Is there a lavatory?	¿Hay retrete?
Can I get a seat reserved in advance from Calais?	¿Puedo hacerme reservar un asiento anticipadamente desde Calais?
Certainly; what seat would you like?	Seguramente; ¿qué asiento quiere V.?
A corner seat facing the engine.	Un asiento junto a la ventanilla (Un rincón), de cara a la máquina.
My friend wants the seat opposite, with back to the engine.	Mi amigo quiere el asiento de enfrente, de espaldas a la máquina.
There is an extra charge of 2/-a seat to pay.	Hay un recargo (un suplemento) que pagar de 2 chelines por asiento.
Where is the luggage-office?	¿Dónde está el despacho de equipajes?
My luggage is in the cloak-room.	Mi equipaje está en el depósito de equipajes.
Have you the luggage-ticket?	¿Tiene V. el talón?
Can I have my luggage registered through to...?	¿Puedo hacer facturar mi equipaje directamente para...?
What is the charge?	¿Cuánto se abona?

[14] Smoking compartments of Spanish trains are marked "Fumadores," but smoking is allowed in all compartments provided the other passengers do not object.

What luggage does my ticket entitle me to take free?	¿A cuánto equipaje tengo derecho con este billete?
When does the train to Dover start?	¿A qué hora sale el tren para Dovres?
From which platform?	¿De qué andén?
Which is the departure platform?	¿Cual es el andén de salida?
The arrival platform.	El andén de llegada.
Take your seats!	¡Señores viajeros al tren!
Tickets, please.	Los billetes, Señores.
Do you object to my opening the window?	¿Permite V. que abra la ventanilla?
Is there a restaurant-car attached to this train?	¿Hay vagón-restaurant en este tren?
Can I get sleeping-car accommodation reserved from Paris?	¿Puedo hacerme reservar un sitio en el coche-cama desde París?
What extra is there to pay?	¿Qué recargo hay que pagar?
I hope I am not in the wrong train.	Espero que no haya errado de tren.
Where must I change to get a train for...?	¿Dónde tendré que cambiar de tren para ir a...?
How long does the train stop here?	¿Cuánto tiempo se para aquí el tren?
Is there a refreshment-room?	¿Hay fonda?
All change here!	¡Cambio, Señores!
Porter, take my luggage to the steamer.	Mozo, lleve V. mi equipaje al vapor.
Carry it down to the first-class saloon.	Póngalo en el salón de primera clase.
I shall remain on deck.	Voy a quedarme sobre cubierta.
The sea is somewhat rough.	El mar está un poco agitado.
Are you a good sailor?	¿Tiene V. pie marino?
I have never been sea-sick, but I must say I have always crossed when the sea was calm.	Nunca me he mareado, pero debo decir que siempre que he hecho la travesía el mar ha estado tranquilo.
There is Calais.	Allí está Calais.
What do you intend doing in Paris?	¿Qué piensa V. hacer en París?
I shall see the sights of the town.	Visitaré los puntos de interés de la ciudad.
Shall we hire a motor car for sight-seeing?	¿Tomaremos un automóvil para visitar la ciudad?
Where can we hire a motor car?	¿Dónde podemos alquilar un automóvil?

There are several large garages where motor cars can be had by the day or week.	Hay varios garajes importantes donde se pueden alquilar automóviles por día o por semana.
What is the horsepower of this car?	¿De cuántos caballos es este automóvil?
What is your charge for a day or a week?	¿Cuánto lleva V. (cobra V.) para un día o para una semana?
Does this price include the driver's expenses?	¿Incluye este precio los gastos del chauffeur?
What is the average number of kilometres (miles) that can be done in a day?	¿Cual es el promedio de kilómetros (millas) que se puede recorrer en un día?
What make is this car?	¿De qué fábrica es este automóvil?
Is it in good condition?	¿Está en buena condición?
Do you guarantee that it will not break down en route?	¿Garantiza V. que no se descompondrá en camino?
Is your driver reliable and experienced?	¿Es su chauffeur de V. de toda confianza y experiencia?

The Custom House.	***La Aduana.***
Where does the customs' examination take place?	¿Dónde se efectúa la revisión de equipaje?
Must I be present at the customs' examination?	¿Debo estar presente cuando se registra (se visita) el equipaje?
Must we open our luggage at the customs?	¿Tendremos que abrir el equipaje en la aduana?
Have you anything to declare?	¿Tiene V. algo que declarar?
No, nothing.	No, nada.
I have nothing but personal effects.	No llevo sino efectos de mi uso personal.
Would you like to see for yourself?	¿Quiere V. verlo por sí mismo?
These are my things.	Estas son mis cosas.
Here are the keys.	Aquí están las llaves.
Must I open this?	¿Debo abrir esto?
Do you want to examine this?	¿Desea V. examinar esto?
All these things are for my own use.	Todas estas cosas son de mi propio uso.
Have you anything liable to duty?	¿Lleva V. algo de pago?

Have you any tobacco?	¿Tiene V. algún tabaco?
I have some (a few) cigars and cigarettes.	Tengo algunos (unos pocos) cigarros y cigarrillos.
What does the duty amount to?	¿Cuánto importan los derechos?
Will this be refunded on my return?	¿Me reembolsarán esto a mi vuelta?
You can close your boxes.	Puede V. cerrar ya las maletas.

Getting up. — *Levantarse.*

Are you up already?	¿Está V. ya levantado?
At what time do you get up?	¿A qué hora se levanta V.?
I get up at six o'clock.	Me levanto a las seis.
It is too early.	Es demasiado temprano.
You get up very early.	Se levanta V. muy temprano.
I like to get up early.	Me gusta levantarme temprano.
It is a very good habit.	Es muy buena costumbre.
It is very good for the health.	Es muy bueno para la salud.
Get up!	Levántese V.
You have been called twice.	Le han llamado a V. dos veces.
How sleepy you are!	¡Qué sueño tiene V.!
You go to bed too late.	Se acuesta V. demasiado tarde.
Let me sleep.	Déjeme V. dormir.
It is too early to get up yet.	Es demasiado temprano todavía para levantarse.
Too early?	¿Demasiado temprano?
Do you know the time?	¿Sabe V. qué hora es?
It cannot be late.	No puede ser tarde.
It may be five o'clock.	Las cinco, tal vez.
Five o'clock? It is half past eight.	¿Las cinco? Son las ocho y media.
I did not think it was so late.	No creía que fuese tan tarde.
I am going to get up directly.	Voy a levantarme ahora mismo.
Make haste and dress yourself.	Vístase V. pronto.
I shall not be long.	No tardaré mucho.
How did you sleep last night?	¿Cómo ha pasado V. la noche?
I slept well.	He dormido bien.

I never woke all night.	No he despertado en toda la noche.
I did not sleep well.	No he dormido bien.
I could not sleep.	No he podido dormir.
Let us go for a little walk.	Vamos a dar una pequeña vuelta.
Shall we have time before breakfast?	¿Tendremos tiempo antes de almorzar?
We shall have a good hour.	Tendremos lo menos una hora.

The Bath.	*El Baño.*
Tell me, waiter, is there a bath to be had here?	Dígame, mozo, ¿se puede tomar aquí un baño?
Yes, Sir, we have a cold and warm bath, and a shower-bath.	Sí, Señor, tenemos baño frío y caliente, y también ducha.
I want another towel and a piece of soap.	Necesito otra toalla y un pedazo de jabón.
See that the water is not too hot.	Vea V. que el agua no esté demasiado caliente.
Waiter, a little more hot water.	Mozo, un poco más de agua caliente.
Enough! Thanks.	¡Basta! Gracias.

Dressing.	*Vestirse.*
Give me my stockings.	Deme V. mis medias.
Bring me my shoes.	Tráigame V. mis zapatos.
Clean them better; they are not properly cleaned.	Límpielos V. mejor; no están bien limpiados.
My linen is damp; air it a little.	Mi ropa está húmeda; séquela V. un poco al fuego.
Has the washerwoman brought my linen?	¿Ha traído la lavandera mi ropa?
Pay her bill.	Páguele V. su cuenta.
Give me some warm (cold) water.	Deme V. un poco de agua caliente (fría).
Where is the soap?	¿Dónde está el jabón?
Go and fetch me a towel.	Vaya V. a buscarme una toalla.
Bring me my razors.	Tráigame V. mis navajas.
Do you want a pin?	¿Necesita V. un alfiler?

Give me a needle.	Deme V. una aguja.
Give me a collar and a necktie.	Deme V. un cuello y una corbata.
Where are my gloves?	¿Dónde están mis guantes?
I cannot find them.	No puedo encontrarlos.
They cannot be lost.	No pueden haberse perdido.
Brush my hat.	Cepílleme V. el sombrero.

Breakfast.	***El Desayuno. El Almuerzo.***[15]
Have you had your breakfast?	¿Ha almorzado V. ya?
Not yet.	Todavía no.
You come just in time.	V. llega precisamente a tiempo.
You will breakfast with us.	Almorzará V. con nosotros.
Is breakfast ready?	¿Está pronto el almuerzo?
It will soon be ready.	Estará pronto de aquí a poco.
Everybody is up.	Todos están levantados.
They are only waiting for you.	Sólo esperan a V.
I am coming down directly.	Bajo en seguida.
I beg your pardon for having kept you waiting.	Perdone V. el haberle hecho esperar.
Do you drink tea or coffee?	¿Toma V. té o café?
Here is coffee.	Aquí tiene V. café.
There is tea.	Ahí tiene V. té.
You have your chocolate near you.	Tiene V. ahí cerca su chocolate.
What do you prefer?	¿Qué prefiere V.?
What do you like best?	¿Qué le gusta a V. más?
I prefer coffee.	Prefiero el café.
Will you give me some chocolate?	¿Quiere V. darme chocolate?
Is your coffee sweet enough?	¿Tiene bastante azúcar su café de V.?
It is excellent.	Es excelente.
There are rolls.	Ahí tiene V. panecillos.
There is toast.	Ahí tiene V. tostadas.

[15] *Desayuno*, early breakfast; *almuerzo*, late breakfast. Strictly speaking "*breakfast*" is "*desayuno*," but when it is a substantial meal, or a late one, it is generally called "*almuerzo*."

Would you mind passing me the butter?	¿Me hace V. el favor de la manteca?[16]
Pass me the bread, if you please.	Hágame V. el favor de pasarme el pan.
The tea is rather weak.	El té está un poco flojo.
I like it strong.	Me gusta fuerte.
I drink it without sugar.	Lo tomo sin azúcar.
What may I offer you?	¿Qué puedo ofrecerle?
Nothing more, thank you.	Nada más, gracias.
Do you take cream with coffee?	¿Toma V. crema con el café?
There are some fresh eggs; allow me to give you one.	Ahí tiene V. huevos frescos; permítame V. que le ofrezca uno.
Will you have some cold meat?	¿Quiere V. un poco (un trocito) de carne fiambre?
Will you have a sausage?	¿Quiere V. una salchicha?
I have made an excellent breakfast.	He almorzado muy bien.
What do you prefer—tea or coffee?	¿Cuál prefiere V.—té o café?
Will you be kind enough to give me a cup of tea?	¿Tiene V. la bondad de darme una taza de té?
Is it to your liking?	¿Está a su gusto de V.?
I should like a little more sugar.	Quisiera un poco más de azúcar.
What will you take—ham or a piece of roast chicken?	¿Qué quiere V. tomar—jamón, o un poco de pollo asado?
May I offer you a cup of coffee with milk?	¿Puedo ofrecerle una taza de café con leche?
Thanks, but I prefer my coffee without milk.	Gracias, prefiero el café sin leche.
Please help yourself to a little more.	Sírvase V. tomar un poco más.
No, thank you, I have made a very good breakfast.	No, mil gracias, he almorzado muy bien.

Lunch or Dinner.	***El Almuerzo[17] o la Comida.***
It will soon be two o'clock.	Pronto serán las dos.
It is almost two o'clock.	Son casi las dos.

[16] Or *mantequilla* especially in Spanish America.

[17] Also called *las once* or *el lunch*. *La merienda* (generally translated "lunch"), is a snack taken as a rule between dinner and supper, usually by children. The Spanish midday meal is generally called *la comida*, and the evening meal *la cena*.

It is nearly two o'clock.	Son cerca de las dos.
It is half past one.	Es la una y media.
Let us return home.	Volvamos a casa.
What time shall we have lunch (dinner) to-day?	¿A qué hora almorzaremos (comeremos) hoy?
The cloth will be laid presently.	La mesa se pondrá luego.
Lunch is on the table.	El almuerzo está ya en la mesa.
Let us sit down.	Sentémonos.
No, not yet.	No, todavía no.
Do you expect company?	¿Espera V. gente?
I expect Mr. and Mrs. B.	Espero al señor y la señora B.
Have you ordered dinner?	¿Ha dado V. órdenes para la comida?
What have you ordered?	¿Qué ha pedido V.?
What shall we have for dinner?	¿Qué tendremos para la comida?
Shall we have any fish?	¿Tendremos pescado?
There was no fish in the market.	No había pescado en el mercado.
Mr. and Mrs. B. will not come.	El señor y la señora B. no vendrán.
Let us begin lunch.	Empecemos el almuerzo.
What may I offer you?	¿Qué puedo ofrecerle a V.?
Will you have some soup?	¿Quiere V. sopa?
Will you take some soup?	¿Quiere V. tomar sopa?
If you please.	Si V. gusta.
Thank you.	Gracias.
Kindly pass me a little beef.	Hágame V. el favor de pasarme un poco de carne.
It looks very nice.	Parece muy buena.
This fowl is delicious.	Este polio es delicioso.
Will you have a wing?	¿Quiere V. un alón?
If you please.	Si V. gusta.
I will thank you for some gravy.	Le agradecería a V. un poco de salsa.
Shall I give you some vegetables?	¿Quiere V. que le sirva legumbres?
Will you have some salad?	¿Quiere V. ensalada?
I will take some salad.	Tomaré ensalada.
Will you have a little sauce?	¿Quiere V. un poco de salsa?

May I offer you a piece of this roast beef?	¿Le daré a V. un pedacito de esta carne asada?
I will take a small piece.	Tomaré un poquito.
Will you have it well done?	¿Lo quiere V. bien asado?
Will you have it underdone?	¿Lo quiere V. poco asado?
Rather well done.	Bien asado.
I like it underdone.	Lo prefiero poco asado.
Did I help you to your liking?	¿Le he servido a V. a su gusto?
It is excellent.	Es excelente.
It is as tender as a chicken.	Es tan tierna como un pollo.
Gentlemen, allow me to drink your health.	Señores, permítanme Vs. que beba a su salud.
This claret is delicious.	Este clarete es delicioso.
Let us have a bottle of champagne.	Tomemos una botella de champaña.
How do you like it?	¿Cómo le gusta a V.?
It has a very pleasant flavour.	Tiene un gusto muy agradable.
Have you any good cheese?	¿Tiene V. buen queso?
Give me a small piece of cheese.	Deme V. un pedacito de queso.
Which will you have?	¿Cuál quiere (prefiere) V.?
English cheese.	El queso inglés.
You are giving me too much.	Me da V. demasiado.
Give me only half of it.	Deme V. sólamente la mitad.
Cut that in two.	Corte V. eso en dos.
Bring the dessert.	Traiga V. los postres.
We have had a good lunch.	Hemos almorzado muy bien.
Let us taste these peaches.	Probemos estos melocotones.
These pears are delicious.	Estas peras son deliciosas.
You may clear the table.	Puede V. levantar la mesa.
Bring us some wine.	Traiga V. vino.
Lunch is over.	Se acabó el almuerzo.
Dinner is announced gentlemen; let us go into the dining-room. A little more soup, Sir?	Señores, nos avisan que la comida está servida; pasemos al comedor. ¿Un poco más de sopa, Señor?
I will take a little more if you please.	Tomaré un poco más, si V. gusta.
What wine would you like, claret or port?	¿Cuál vino prefiere V., clarete o vino de Oporto?

Your health, Sir.	A la salud de V., Señor.
Yours, Sir.	A la de V.
Do you care for this wine?	¿Le gusta a V. este vino?
I like this wine very much.	Este vino me gusta mucho.
Allow me to help you to a little of this shoulder of lamb.	Permítame V. que le sirva un poco de esta espalda de cordero.
And what can I help you to?	¿Y qué puedo ofrecerle a V.?
I will take a little beef, it looks very good.	Tomaré un poco de vaca, parece muy buena.
Will you kindly pass me the cruet?	¿Tiene V. la bondad de pasarme las vinagreras?
A potato, if you please.	Una patata, si V. gusta.
Which part of this duck may I help you to?	¿De qué parte de este pato quiere V. que le sirva?
I will take a leg, please.	Tomaré una pierna, si V. gusta.
Will you kindly pass the mustard?	¿Me hace V. el favor de pasarme la mostaza?
With much pleasure.	Con mucho gusto.
I shall be delighted.	Con el mayor placer.
Madam, allow me to help you to some of this whiting.	Señora, permítame V. que le sirva un poco de esta pescadilla.
Madam, permit your servant to drink your health.	Señora, permita a su servidor de V. brindar a su salud.
Yours, my friend.	A la de V., amigo.
Which cheese do you like best?	¿Cuál queso prefiere V.?
Give me a little bread and butter.	Deme V. un poco de pan con manteca (mantequilla).
Do you like grapes, or would you prefer an apple?	¿Le gustan a V. las uvas, o prefiere V. una manzana?
These oranges are very sweet.	Estas naranjas son muy dulces.
Let me offer you a cigar. Do you prefer Havanas or Manillas?	Permítame V. ofrecerle un cigarro (un tabaco, un puro). ¿Prefiere V. habanos o filipinos?
This is an excellent cigar.	Este cigarro es excelente.
Take another.	Tome V. otro.

Waiter, the bill of fare, please.	Mozo,[18] tráiganos V. la lista (denos V. la carta).
Here it is, Sir. What would you like, gentlemen?	Aquí está, Señor. ¿Qué desean Vs. tomar?
What time is table d'hôte?	¿A qué hora es la mesa redonda?
Have you dinners at fixed price?	¿Tienen Vs. comidas a precio fijo?
We will dine at fixed price.	Comeremos por cubierto.
We are going to order from the bill of fare.	Vamos a pedir a la carta.
Have you a table free near the window?	¿Hay vacante alguna mesa cerca de la ventana?
This is the only one disengaged.	Esta es la única que no se ha tomado.
What soup have you?	¿Qué sopa tiene V.?
Bring us some vegetable soup.	Tráiganos sopa de menestras (de yerbas).
Is there any fish ready?	¿Hay listo algún pescado?
Let us have some leg of mutton, with fried potatoes and cauliflower for two, and half a fowl with boiled potatoes.	Tráiganos espalda de carnero con patatas fritas y coliflor para dos, y media ave con patatas cocidas.
Waiter, a bottle of English beer.	Mozo, una botella de cerveza inglesa.
I am very sorry, Sir, we haven't any beer, but we have splendid wine.	Siento mucho, Señor, no tenemos cerveza, pero tenemos muy buen vino.
Well then, a bottle of claret.	Pues entonces, una botella de clarete.
Waiter, two coffees.	Mozo, dos cafés.
Black coffee. White coffee.	Café solo. Café con leche.
A cognac.	Un coñac. Una copita de coñac.
Nothing more for me.	Para mí, nada más.
Have you any good cigars?	¿Tienen Vs. buenos cigarros?
Yes, Sir, we have superior Havanas.	Sí, Señor, tenemos habanos superiores.
I don't care for these; they are too strong (too mild).	No me gustan éstos; son demasiado fuertes (demasiado flojos).
Let us have some cigarettes.	Tráiganos cigarrillos.
The matches, please.	Haga V. el favor de las cerillas.

[18] In Spanish restaurants and cafés the waiter's attention is attracted by clapping the hands.

You have forgotten to bring the sugar.	Se ha olvidado V. de traernos el azúcar.
Waiter, the bill.	Mozo, la cuenta.
Here it is, Sir.	Aquí la tiene V., Señor.
How much have we to pay?	¿Cuánto tenemos que pagar?
Here is your account, Sir.	Aquí tiene V. su cuenta, Señor.
You may keep the change.	Guárdese V. la vuelta.

Tea.	***El Té*[19]*.***
It is five o'clock.	Son las cinco.
Tea will be ready in a moment.	El té estará pronto al instante.
Do you hear the bell?	¿Oye V. la campanilla?
Let us go down.	Bajemos.
Sit down, Gentlemen.	Siéntense Vs., Señores.
I like tea without sugar.	Me gusta el té sin azúcar.
And I without cream.	Y a mí sin crema.
I like my tea strong.	Me gusta el té fuerte (cargado).
I prefer it weak.	Yo lo prefiero flojo (claro).
Allow me to give you another cup.	Permítame V. darle otra taza.
I never take more than one cup.	Nunca tomo más que una taza.
Will you have some milk?	¿Quiere V. leche?
Bring some more boiling water.	Traiga V. más agua hirviente.
This water is not hot enough.	Esta agua no está bastante caliente.
There is fresh butter.	Ahí tiene V. manteca fresca.
This bread is good.	Este pan es bueno.
I will willingly take half a cup more.	Tomaré con gusto media taza más.
Will you have some toast?	¿Quiere V. tostada?
I shall come and take tea to-morrow at your house.	Mañana iré a tomar el té en su casa de V.
I shall be very glad to see you.	Me alegraré mucho de verle a V.
We take tea exactly at five.	Tomamos el té a las cinco en punto.

[19] Tea as a meal is not a Spanish custom. See note, page 141.

Supper.	*La Cena.*
Will you stay and sup with us?	¿Quiere V. quedarse a cenar con nosotros?
Have supper with us without ceremony.	Cene V. con nosotros sin ceremonia.
Bring a plate, and a knife and fork for this gentleman.	Traiga V. un plato y un cubierto para este señor.
No, really.	No, de veras. No, muchas gracias.
I never take supper.	Nunca ceno.
Well, sit near the table.	Bueno, pues siéntese V. junto a la mesa.
We will talk.	Hablaremos. Conversaremos. Charlaremos.
You will take a glass of wine, will you not?	¿V. tomará, por supuesto, una copa de vino?
You cannot refuse that.	Eso no lo puede V. rehusar.
Do you like oysters?	¿Le gustan a V. las ostras?
I am very fond of them.	Me gustan mucho.
I will take a few.	Tomaré algunas.
How do you like them?	¿Cómo le gustan a V.?
They are good and very fresh.	Son buenas y muy frescas.
Will you take a slice of cold turkey?	¿Quiere V. un poco de pavo frío?
No, thank you.	No, gracias.
I am satisfied with my piece of bread and butter.	Me contento con un poco de pan con manteca.
Will you take a glass of beer?	¿Quiere V. tomar un vaso de cerveza?
Willingly; I do not like tea.	De buena gana; no me gusta el té.
In England the beer is excellent.	En Inglaterra la cerveza es excelente.
I like beer.	Me gusta la cerveza.
It is an agreeable and wholesome drink.	Es una bedida agradable y sana.

Evening.	*La Tarde.*
It is getting late.	Se hace tarde.
It is almost time to go to bed.	Es casi hora de acostarse.
Mr. A. has not come home yet.	El señor A. no ha vuelto todavía.
Will he be late?	¿Tardará en volver?
He generally comes home early.	Generalmente vuelve temprano.

I hear a knock.	Oigo llamar.
Very likely it is he.	Es él, probablemente.
Go and see.	Vaya V. a ver.
Yes, it is he.	Sí, es él.
I hope I have not kept you waiting.	Espero que no le haya hecho esperar.
Not in the least.	Ni un momento.
It is only ten o'clock.	Son sólamente las diez.
We never go to bed before half-past ten.	Nunca nos acostamos antes de las diez y media.
How did you like your walk this evening?	¿Cómo le ha gustado a V. su paseo de esta tarde?
Very much.	Muchísimo.
It is a charming evening.	Es una tarde deliciosa.
Are you not tired?	¿No está V. cansado?
Not very.	No mucho.
Will you not rest a little?	¿No quiere V. descansar un poco?
No, thank you.	No, gracias.
I am going to bed.	Voy a acostarme.
Are you going already?	¿Se marcha V. ya?
It is not late.	No es tarde.
It is early yet.	Es temprano todavía.
It is time to go to bed.	Ya es hora de acostarse.
I do not like to go to bed late.	No me gusta acostarme tarde.
I like to go to bed early.	Me gusta acostarme temprano.
I wish you good night.	Le deseo a V. muy buenas noches.
I wish you a good night's rest.	Deseo que pase V. bien la noche (que descanse V. bien, que duerma V. bien).

Going to Bed.	***Acostarse.***
Let me see the room I am to sleep in.	Déjeme V. ver el cuarto donde voy a dormir.
Will you show me my bed-room?	¿Quiere V. mostrarme mi cuarto?
I should like a room on the first floor.	Quisiera un cuarto en el primer piso.
Give me a quiet room.	Deme V. un cuarto quieto.

Your room is quite ready.	Su cuarto de V. está listo.
Well, show me the way; I will follow you.	Bueno, enséñeme V. el camino; yo le seguiré.
Nobody sleeps above you.	Nadie duerme en el cuarto encima.
Close the window-shutters.	Cierre V. los postigos.
Bring my baggage up to my room.	Suba V. mi equipaje a mi cuarto.
Where have you put our things?	¿Dónde ha puesto V. nuestras cosas?
Are the beds well aired?	¿Están las camas bien secadas?
These sheets feel damp.	Estas sábanas parcem húmedas.
I must have others.	Quiero otras.
Warm my bed.	Caliente V. mi cama.
It is very cold.	Hace mucho frío.
I shall want another blanket.	Necesitaré otra manta.
This is too light.	Esta es demasiado ligera.
Give me another pillow.	Deme V. otra almohada.
Put some water in my basin.	Eche V. agua en mi palangana.
Will you have a nightlight?	¿Quiere V. una lamparilla?
No, that would prevent my sleeping.	No, no me dejaría dormir.
Take away the candle.	Lleve V. la vela.
I will put it out myself.	La apagaré yo mismo.
Before you go, draw the curtains.	Antes de marcharse, corra V. las cortinas.
Is there a bell in this room?	¿Hay campanilla en este cuarto?
At what time do you wish to get up tomorrow?	¿A qué hora quiere V. levantarse mañana?
When am I to call you?	¿A qué hora quiere V. que le llame?
Exactly at six.	A las seis en punto.
I must set off early.	Tengo que marcharme temprano.
I will not fail to come and wake you.	No dejaré de venir a despertarle.
You may rely upon me.	V. puede contar conmigo.
I should like to have my bill.	Quiero mi cuenta.
It is ready.	Está pronta. Está hecha.
Tell your master to send me the bill.	Diga V. a su amo que me mande la cuenta.
I will settle with him to-night.	Arreglaré con él esta noche.
What have I to pay?	¿Cuánto tengo que pagar?

What do I owe you?	¿Cuánto le debo a V.? ¿Cuánto debo?
I have brought your bill.	He traído su cuenta.
It amounts to ten pesetas.	Sube a diez pesetas.
It is very high.	Es mucho.
Here is your money	Aquí tiene V. su dinero.
It is all right.	Está bien.
Now I am going to sleep.	Ahora quiero dormir.
Does the door shut properly?	¿Cierra bien la puerta?
Is there a lock?	¿Hay cerradura?
Where is the key?	¿Dónde está la llave?
Is there a bolt?	¿Hay cerrojo?
Sir, I wish you a good night's rest.	Señor, deseo que pase V. bien la noche.
This bed is very hard.	Esta cama está muy dura.
I don't think I shall be able to sleep.	No creo que pueda dormir.

A Meeting.	*Un Encuentro.*
Good morning, Sir.	Buenos días,[20] Señor.
Good afternoon, Madam.	Buenas tardes, Señora.
Good evening.	Buenas tardes.
Good night.	Buenas noches.
I wish you good morning.	Le deseo a V. muy buenos días.
How are you? How do you do?	¿Cómo está V.? ¿Cómo lo pasa V.? (Fam.: ¿Qué tal?)
Are you well?	¿Está V. bien?
I am very well, thank you, and you?	Estoy muy bien, gracias, ¿y V.?
Quite well.	Muy bien. Sin novedad. Perfectamente.
I am glad to find you in good health.	Me alegro de verle a V. en buena salud.
How is your mother?	¿Cómo está su madre de V.?
How is your family?	¿Cómo está su familia de V.?
They are all well.	Todos están bien.
You look very well.	V. tiene muy buena cara.
You have never looked better.	Nunca ha tenido V. mejor cara (aspecto, semblante).

[20] *Buenos días* is used till noon, *buenas tardes* from noon till dusk, and *buenas noches* afterwards.

You do not look well.	V. no parece estar bueno.
You look ill.	V. parece enfermo.
Are you unwell?	¿Está V. malo?
I am not very well.	No estoy muy bien.
I feel indisposed.	Me siento indispuesto.
I suffer a great deal.	Padezco mucho.
I have been obliged to keep my bed.	He tenido que guardar cama.
I have had a bad cold.	He tenido un fuerte constipado.
I have a very bad cough.	Tengo mucha tos.
I have the toothache.	Tengo dolor de muelas.
I have a headache.	Tengo dolor de cabeza.
I have a sore throat.	Tengo mal de garganta.
I did not sleep a wink (all night).	No he cerrado los ojos (en toda la noche).
I feel greatly relieved.	Me siento muy aliviado.
I am a little better this morning.	Estoy un poco mejor esta mañana.
I hope it will be nothing.	Espero que no será nada.
I am very sorry to hear it.	Siento mucho saberlo.
I am sorry, but I hope it will not have serious consequences.	Lo siento, pero espero que no tenga consecuencias graves.
What! is it you?	¡Cómo! ¿es V.?
Is it really you?	¿Es V., de veras?
You quite surprise me.	V. me sorprende mucho.
I did not expect to meet you here.	No esperaba encontrarle a V. aquí.
I am very glad to see you.	Me alegro mucho de verle a V.
When did you return?	¿Cuándo volvió V.?
I thought you were in...	Yo creía que V. estaba en...
I came home last night.	Volví anoche.
How did you come?	¿Cómo vino V.?
I came by the express.	Vine por el expreso.
You came rather unexpectedly.	V. vino un poco antes de lo que se le esperaba.
I thought I would stay all the summer at...	Pensaba quedarme todo el verano en...
What made you return so soon?	¿Qué le ha hecho a V. volver tan pronto?
Business called me here.	Tuve que volver para los negocios.

How did you like your journey?	¿Cómo le ha gustado a V. el viaje?
I liked it very well.	Me ha gustado mucho.
I have had a very pleasant journey.	He hecho un viaje muy agradable.
When shall I have the pleasure of seeing you at my house?	¿Cuándo tendré el gusto de verle a V. en mi casa?
When will you come and dine with us?	¿Cuándo vendrá V. a comer con nosotros?
I cannot say.	No puedo decírselo.
I will come one of these days.	Vendré un día de estos.
Come to-day.	Venga V. hoy.
I cannot.	No puedo.
I have some business to do.	Tengo que hacer.
I will call on you.	Iré a verle a V.
I will call on you some time to-morrow.	Iré a verle a V. mañana.
We shall be very pleased to see you.	Tendremos mucho gusto en verle a V.
Good morning, Sir.	Buenos días, Señor.
I hope you are well, Madam.	Espero encontrarle a V. bien, Señora.
Very well, thank you, and how are you, Sir?	Muy bien, gracias, ¿y V., Señor, cómo está?
I am very well, thank you.	Estoy muy bien, gracias.
Be seated.	Siéntese V.
Please take a seat.	Sírvase V. sentarse.
Take a seat.	Tome V. asiento.
I have not been very well lately, but I feel better now.	No he estado muy bien últimamente, pero ahora estoy mejor.
I have caught cold to-day.	Me he resfriado hoy.
I hope you will soon be better.	Espero que pronto se pondrá V. bueno.
I am much obliged to you for your kindness.	Le agradezco mucho su amabilidad.
Ah, here is Mr. C.; I am very glad to see you.	¡Ah! aquí viene el señor C.; me alegro de verle a V.
Allow me to introduce Mr. C. to you.	Permítame V. que le presente al señor C.
I am delighted to make your acquaintance, Sir.	Me alegro de conocer a V., Señor.
Pleased to meet you.	Mucho gusto en conocer a V.

How is your brother?	¿Cómo está su hermano de V.?
He enjoys excellent health, and does not know what sickness is.	Goza de muy buena salud, y no sabe lo que es el estar enfermo.
Yes, doubtless; but he must take care of himself. We don't know the value of health till we have lost it.	Sí, sin duda; pero debe cuidarse. Sólo apreciamos la buena salud cuando la hemos perdido.
He has not been well for a week, and was not able to go out all that time.	Hace una semana que no está bien, y no ha podido salir durante todo ese tiempo.
I hope he is not seriously ill.	Espero que su enfermedad no sea grave.
I hope your father is well. I have not had the pleasure of seeing him since his return from London.	Espero que su padre de V. se encuentre bien. No he tenido el gusto de verle desde su vuelta de Londres.
He is first-rate. I think he will be here directly.	Está admirablemente. Creo que estará aquí dentro de poco.
How do you like my new rooms?	¿Cómo le gustan a V. mis nuevos cuartos?
I think you very fortunate in having found such a splendid house.	Creo que V. ha tenido suerte en encontrar tan hermosa casa.
What are you going to do this evening?	¿Qué piensa V. hacer esta tarde?
I have to take my sister to the theatre. Are you coming too?	Tengo que acompañar a mi hermana al teatro. ¿Vendrá V. también?
There is nothing I should enjoy more.	No hay nada que me gustaría más.
Very well, good-bye till then.	Muy bien, pues hasta entonces.
Good-bye.	Adiós.

A Visit.	***Una Visita.***
There is someone knocking.	Alguien llama.
Go and see who it is.	Vaya V. a ver quien es.
Go and open the door.	Vaya V. a abrir la puerta.
It is Mr. B.	Es el señor B.
Good morning, Madam, how do you do?	Buenos días, Señora; ¿cómo está V.?
Very well, thank you, and you?	Muy bien, gracias, ¿y V.?
All right, thank you.	Sin novedad, gracias.
I have not seen you for a long time.	Hace mucho que no le veo.

You are quite a stranger.	Se vende V. muy caro.
Will you stay and dine with us?	¿Quiere V. quedarse a comer con nosotros?
No, thank you, I cannot stay; I only came down to know how you were.	¿No, gracias, no puedo quedarme; he venido sólamente para saber cómo estaba V.
How is Mrs. B.?	¿Cómo está la señora B.?
Thank you very much, Madam; Mrs. B. is quite well, and she would certainly have accompanied me if her sister had not come from Paris to pay her a short visit.	Muchas gracias, Señora; la señora B. está muy bien, y me habría acompañado, por cierto, to, si su hermana no hubiera venido de París para hacerle una corta visita.
I am sorry she did not accompany you; I should have been very pleased to make Miss S's acquaintance.	Siento que no le haya acompañado; hubiera tenido mucho gusto en conocer a la señorita S.
Miss S. was very tired after her journey, but she will not leave...	La señorita S. estaba muy cansada después de su viaje; pero no saldrá de
without coming to see you.	... sin venir a verle a V.
Tell her how pleased I shall be to see her; I am generally at home every day after four o'clock, except Thursdays, and never go out in the evening. Have you been in the country with your family?	Dígale V. que tendré mucho gusto en verla; generalmente estoy en casa todos los días después de las cuatro de la tarde, excepto los jueves,[21] y nunca salgo de noche. ¿Ha estado V. en el campo con su familia?
Yes, Madam; we only returned a fortnight ago.	Sí, Señora; sólo hace una quincena que estamos de vuelta.
How was the weather while you were away?	¿Qué tiempo ha hecho durante su estancia allí?
We were very fortunate; during the three weeks we remained at X. the weather was extremely fine.	Hemos tenido mucha suerte; durante las tres semanas que hemos estado en X. ha hecho un tiempo hermosísimo.
Have you heard from your brother lately?	¿Ha tenido V. noticias de su hermano últimamente?
Yes, I had a letter from him yesterday.	Sí, ayer recibí carta de él.
Have you seen the last number of the *Illustrated World*?	¿Ha visto V. el último número del *Mundo Ilustrado*?[22]

[21] The names of the days and months may begin with a capital letter, as in English.

[22] Given merely as an equivalent. Names of papers are not translated as a rule.

Yes, Madam; I am a subscriber to that illustrated paper.	Si, Señora; estoy abonado a esa ilustración.
Is there anything specially interesting in this number?	¿Hay algo de interés especial en este número?
There are very good sketches from the correspondent at the seat of war.	Hay muy buenos dibujos del corresponsal en el teatro de la guerra.
I must go.	Tengo que marcharme.
Are you going already?	¿Se marcha V. ya?
You are in a great hurry.	V. tiene mucha prisa.
Why are you in such a hurry?	¿Por qué tiene V. tanta prisa?
I have a great many things to do.	Tengo muchas cosas que hacer.
Surely you can stay a little longer.	V. puede quedarse un poco más, seguramente.
I am very sorry I cannot stay any longer; I must meet Mr. T. at half-past four; but I will stay longer another time.	Siento no poder quedarme más; tengo cita con el señor T. para las cuatro y media; me quedaré más otra vez (en otra ocasión).
I thank you for your visit.	Gracias por su visita.

Departure.	***Despedirse.***
It is time to go.	Es hora de marcharme.
I must leave you.	Tengo que dejarle a V.
We must part.	Debemos separarnos.
I must take leave of you.	Es preciso que me despida de V.
Shall I have the pleasure of seeing you again?	¿Tendré el gusto de volver a verle a V.?
Shall we meet again?	¿Nos volveremos a ver?
Good-bye.	Adiós. (Fam.: Abur).
Good-bye.	Que V. siga bien.
Till we meet again.	Hasta la vista. Hasta más ver.
Good-bye for the present.	Hasta luego.
Your servant, Sir.	Servidor de V., Señor.
Your servant, Madam.	Servidor de V., Señora.
Your humble servant.	Beso a V. la mano, Caballero. A los pies de V., Señora.[23]

[23] Or less formally: *Que V. lo pase bien, Caballero* (*Señora*).

I wish you good morning.	Le deseo a V. muy buenos días.
I wish you good evening.	Le deseo a V. muy buenas tardes.
I wish you good night.	Le deseo a V. muy buenas noches.
My compliments to your brother.	Muchas cosas a su hermano de V.
Give my kind regards to your sister.	Dé V. memorias de mi parte a su hermana.
Present my respects to your mother.	Presente V. mis respetos a su señora madre.
Present my respects to your aunt.	Muchos recuerdos a su señora tía.
Give my kind regards to your wife.	Dé V. mis recuerdos a su señora.
Remember me to all at home.	Recuerdos (Memorias, Expresiones) a todos en casa.
I will not fail to do so.	No faltaré.

Going and Coming.	***Ir y Venir.***
Where are you going?	¿A dónde va V.?
I am going home.	Voy a casa.
I am coming from your house.	Vengo de casa de V.
I came from him.	Venía de casa de él.
I am going to his house.	Voy a casa de él.
I shall be at home.	Estaré en casa.
You will find him at his house.	Le encontrara V. en casa.
I came from your father's.	Venia de casa de su padre de V.
I shall go to-morrow to my friend's.	Mañana iré a casa de mi amigo.
Where do you come from?	¿De dónde viene V.?
I come from Mr. B's.	Vengo de casa del señor B.
I was to go to Paris.	Debía ir a París.
I shall perhaps go to Spain.	Iré tal vez a España.
I am going away; it is time.	Me voy; ya es hora.
I am going to take a walk.	Voy a dar un paseo.
I was going to church.	Iba a la iglesia.
Will you come with me?	¿Quiere V. venir conmigo?
Where do you wish to go?	¿A dónde quiere V. ir?
Where shall we go?	¿A dónde iremos?
We will go for a walk.	Iremos a pasear.

Let us call on Mrs. F.	Vamos a ver a la señora F.
Let us rather go to the Museum.	Vamos antes al Museo.
Let us go this way.	Vamos por aquí.
Give me your arm.	Deme V. el brazo.
Let us cross the road.	Atrevesemos la calle. Pasemos a la otra acera.
Mind the motor-cars.	Cuidado con los automóviles.
Which way shall we go?	¿Por dónde iremos?
Any way you please.	Por donde V. quiera.
Let us go for a walk.	Vamos a dar un paseo.
I have no objection.	No me opongo.
Let us call on your brother on our way.	Tomemos de paso a su hermano de V.
Is Mr. B. at home?	¿Está en casa el señor B.?
Is Mrs. C. at home?	¿Está en casa la señora C.? La señora C. ¿está?
She has just gone out.	Acaba de salir.
He has gone out.	Ha salido.
He is not at home.	No está en casa.
Can you tell me where he has gone?	¿Puede V. decirme a dónde ha ido?
I cannot tell you exactly.	No puedo decírselo precisamente.
I think he has gone to see his sister.	Creo que ha ido a ver a su hermana.
Do you know when he will return?	¿Sabe V. cuando volverá?
No, Sir, he did not say anything when he went out.	No, Señor, no dijo nada al salir.
He may be back soon.	Es posible que vuelva pronto.
Tell him to come and see me.	Dígale V. que venga a verme.
I will come again to-morrow.	Volveré mañana.
When must I call again to find him in?	¿Cuándo debo volver para encontrarle en casa?
Call again at four o'clock.	Vuelva V. a las cuatro.
Did you return late?	¿Volvió V. tarde?
They have returned from...	Han vuelto de...
How long will it be before you come back?	¿Cuánto (tiempo) tardará V. en volver?
I shall come back at ten o'clock at the latest.	Volveré a las diez lo más tarde.

Will you come back again?	¿Volverá V.?
What will you gain by it?	¿Qué provecho sacará V. de ello?
You will get nothing by it.	V. no sacará nada de ello.
When did you return from the country?	¿Cuándo volvió V. del campo?
Come back as soon as you can.	Vuelva V. tan pronto como pueda.
Come back quickly.	Vuelva V. pronto.
How much does that come to?	¿A cuánto sube eso? ¿Cuánto importa?
I shall see you on my return.	Le veré a V. a mi vuelta.
When I had returned home...	Cuándo había vuelto a casa...
I must return home.	Debo volver a casa.
I shall go to... tomorrow.	Mañana iré a...
I will not fail to go there.	No dejaré de ir allá.
I will go with you.	Le acompañaré.
You go too fast.	V. anda con demasiada prisa.
I will go the first opportunity.	Iré en la primera oportunidad.
So far so good.	Hasta ahora, todo va bien.
How far shall we go?	¿Hasta dónde iremos?
Go in front.	Vaya V. delante.
I will go there from time to time.	Iré allá de cuando en cuando.
Do you believe that he will go there?	¿Cree V. que irá allá?
I intend going there.	Pienso ir allá.
I go there twice a week.	Voy allá dos veces a la semana.
Will he go with you?	¿Irá con V.?
I believe he has gone home.	Creo que ha ido a casa.
All goes well.	Todo va bien.
I am going away.	Me voy.
I went there twice.	Fuí allá dos veces.
She has gone into the country.	Ella ha ido al campo.
Are you going to...?	¿Va V. a...?
It will soon be time to start.	Pronto será hora de partir.
He has been gone an hour.	Hace una hora que se marchó.
Come up here quickly.	Suba V. pronto.
Come as early as you please.	Venga V. tan pronto como quiera.
Do not fail to go there.	No deje V. de ir allá.

I shall come and see you to-morrow for certain.	Vendré a verle a V. mañana sin falta.

Exigencies of Life.	*Exigencias de la Vida.*
I am (feel) hungry.	Tengo hambre.
I am very hungry.	Tengo mucha hambre.
I am dying with hunger.	Me muero de hambre.
I am thirsty.	Tengo sed.
I am very thirsty.	Tengo mucha sed.
I am dying with thirst.	Me muero de sed.
I could drink with pleasure.	Bebería con gusto.
Give me something to drink.	Deme V. algo que beber.
Give me a glass of water.	Deme V. un vaso de agua.
I am very tired.	Estoy muy cansado.
I am very much fatigued.	Estoy muy fatigado.
I am cold.	Tengo frío.
My hands are cold.	Tengo las manos frías.
I am warm.	Tengo calor.
I am sleepy.	Tengo sueño.
I think I shall sleep well.	Creo que dormiré bien.
I am overcome with sleep.	Me estoy cayendo (cayendo muerto) de sueño.
I wish I were in bed.	Quisiera estar en la cama.
I have slept well.	He dormido bien.
I have slept badly.	He dormido mal.
I could not get to sleep.	No he podido dormir.
I have not been able to close my eyes all night.	No he podido cerrar los ojos en toda la noche.

The Fire.	*El Fuego.*
What a poor fire!	¡Qué mal fuego!
You have not taken care of the fire.	V. no ha cuidado del fuego.
You have not kept the fire up.	V. no ha sostenido el fuego.
You have let the fire out.	V. ha dejado apagarse el fuego.

It is not quite out.	No está del todo apagado.
It must be lighted again.	Es preciso encenderlo de nuevo.
Come and make up the fire.	Venga V. a arreglar el fuego.
What are you looking for?	¿Qué busca V.?
I am looking for the tongs.	Busco las tenazas.
Here they are in the corner.	Aquí están en el rincón.
Where are the bellows?	¿Dónde está el fuelle?
Go and fetch the bellows.	Vaya V. a buscar el fuelle.
Blow the fire.	Sople V. el fuego.
Do not blow so hard.	No sople V. tan fuerte.
Put a few shavings under.	Ponga V. debajo algunas virutas.
Now put on two or three pieces of wood.	Ahora ponga V. dos o tres pedazos de leña.
It will soon draw.	Pronto prenderá (arderá).
Is there any coal in the scuttle?	¿Hay carbón en el cubo?
Take the shovel and put some coal on the fire.	Tome V. la pala y ponga carbón en el fuego.
Do not put on too much at a time.	No ponga V. demasiado de una vez.
If you put on too much, you will put the fire out.	Si pone V. demasiado, apagará el fuego.
You have almost smothered the fire.	Casi ha apagado V. el fuego.
Raise it up with the poker.	Levántelo V. con el atizador.
It will give it a little air.	Eso le dará un poco de aire.
The fire begins to blaze.	El fuego principia a arder.
Now the fire is very good.	Ahora tenemos un buen fuego.
You have made it up again very well.	Lo ha arreglado V. muy bien.
Which do you prefer—a coal fire, or a wood fire?	¿Cuál prefiere V.—un fuego de carbón o un fuego de leña?
I prefer a wood fire.	Prefiero un fuego de leña.
I prefer a coal fire.	Yo prefiero un fuego de carbón.
A wood fire does not give so much heat.	Un fuego de leña no da tanto calor.
It is some trouble to keep up too.	Da también algún trabajo para conservarlo.
Do you burn your coal in a grate?	¿Quema V. su carbón en una reja?
No, in a stove.	No, en una estufa.
I do not like stoves.	No me gustan las estufas.

I like to see the blaze.	Me gusta ver las llamas.

Marketing.	***Compras.***
I must go to market.	Es preciso que vaya yo al mercado.
I shall buy some chickens.	Compraré pollos.
Perhaps a pair of ducks.	Tal vez un par de patos.
Here is a couple of nice ducks.	Aquí hay un par de patos buenos.
Have you fresh eggs?	¿Tiene V. huevos frescos?
How many pounds of butter do you want?	¿Cuántas libras de manteca quiere V.?
I have left something at home.	He dejado algo en casa.
I must go back.	Tengo que volver.
Mary, you will finish marketing.	Maria, tú[24] acabarás las compras.
Get three pounds of butter, if it is good.	Compra tres libras de manteca, si es buena.
As you come back, call at the butcher's.	Al volver, pasa por la carnicería.
What meat shall I order?	¿Qué carne quiere V. que encargue?
Tell him to send a sirloin for to-day.	Dile que mande un lomo para hoy.
For to-morrow two or three ribs of beef.	Para mañana dos o tres costillas de vaca.
And for the day after, a leg of mutton.	Y para pasado mañana una pierna de carnero.
I should like to have a breast of veal.	Quisiera un pecho de ternera.
If there is none, take a loin of veal.	Si no lo hay, toma un lomo de ternera.
Do not forget a quarter of lamb.	No olivides un cuarto de cordero.
A leg of mutton.	Una pierna de carnero.
A calf's head.	Una cabeza de ternera.
A neck of mutton.	Un pescuezo de carnero.
Ask him for a good sweet-bread.	Pídele una buena molleja.
See whether he has a nice ox-tongue.	Ve si tiene una buena lengua de buey.
Tell him to send all at once.	Dile que mande todo en seguida.
Tell him to send the bill with it.	Dile que mande la cuenta al mismo tiempo.

[24] Spaniards generally address their servants in the second person (tú), but the third person or polite form (V.) is not unusual.

Do you wish me to buy any fish?	¿Quiere V. que compre pescado?
Yes, I forgot to mention it.	Si, olvidé decírtelo.
Is there any fish at the market?	¿Hay pescado en el mercado?
There is plenty of fish.	Hay mucho pescado.
There is scarcely any fish.	No hay casi ningún pescado.
What fish is there?	¿Qué pescado hay?
There are herrings and mackerel.	Hay arenques y escombros.
Buy a plaice.	Compra una platija.
Will you have a salmon?	¿Quiere V. un salmón?
I prefer fresh cod.	Prefiero el bacalao fresco.
I have seen a fine turbot.	He visto un rodaballo hermoso.
What is the price of soles?	¿A cómo se venden los lenguados?
Two shillings a pound.	A dos chelines la libra.
Is there any shell-fish?	¿Hay mariscos?
Shell-fish are now in season.	Los mariscos están ahora en sazón.
Buy also a dozen eggs.	Compra también una docena de huevos.

The Walk.	***El Paseo.***
Shall we take a little walk?	¿Quiere V. que demos una pequeña vuelta?
With pleasure.	Con mucho gusto.
Allow me to go and fetch my hat.	Permítame V. ir a buscar mi sombrero.
I will be with you in a minute.	Estaré con V. al instante.
I am at your service.	Estoy a las ordenes de V.
We will go when you like.	Iremos cuando V. quiera.
The weather is very fine at present, and I think it will remain so all day.	Hace un tiempo muy hermoso en este momento, y creo que lo hará durante todo el día.
Which way shall we go?	¿Por donde iremos?
Let us go across the fields.	Atravesemos los campos.
I do not like walking on the high road.	No me gusta pasearme en el camino real.
There is always a great deal of dust.	Hay siempre mucho polvo.
The rain has laid the dust a little.	La lluvia ha batido un poco el polvo.
Let us cross the meadow.	Atravesemos el prado.

It is a very pleasant way.	Es un camino muy agradable.
Under this large oak we shall be sheltered from the sun.	Bajo esta encina grande estaremos abrigados del sol.
Shall we cross this field?	¿Quiere V. que atravesemos este campo?
Is there a thoroughfare across this field?	¿Se puede atravesar este campo? ¿Hay vía pública a través de este campo?
Let us take this path.	Vamos por esta senda.
Is this the nearest way (to go) home?	¿Es éste el camino más corto para (ir a) casa?
It is not late.	No es tarde.
Let us walk a little longer.	Paseémonos un poco más.
I should like to be home early.	Quisiera volver a casa temprano.
We are not far from the house.	No estamos lejos de la casa.
We shall be there in less than half an hour.	Estaremos allá en menos de media hora.
We shall be back at seven.	Estaremos de vuelta a las siete.
Are you going to stay indoors all day?	¿Va V. a quedarse en casa todo el día?
No, my friend, I was just thinking of having a walk in the park.	No, amigo, pensaba (estaba pensando) en dar una vuelta en el parque.
Will you come with me?	¿Quiere V. venir conmigo?
With pleasure.	Con mucho gusto.
We are having beautiful weather, and there is no doubt that all the fashionable people will be assembled there.	Hace un tiempo delicioso, y no hay duda que toda la gente de buen tono se encontrará allí.
Let us go.	Vamos.
Well, then, let us go.	Pues entonces vamos (vámonos).
Let us be off, then.	Pues, andando.
Is this gentleman an acquaintance of yours—the one who took off his hat?	Este señor que le ha saludado a V., ¿es conocido suyo?
Oh, yes, he is a friend of mine; I will introduce him to you with pleasure.	Ah, sí, es amigo mío; le presentaré a V. con mucho gusto.
Your friend is a very agreeable man.	Su amigo de V. es un hombre muy agradable.

Yes, I like him very much; he knows everybody and has travelled in all parts of Europe.	Sí, le quiero mucho; conoce a todo el mundo y ha viajado por todas partes de Europa.
Then your friend must know several foreign languages.	Entonces su amigo de V. debe saber varias lenguas extranjeras.
He is reported to speak half a dozen languages.	Se dice que habla media docena de lenguas.
What a fortunate man! I should be very pleased if I could speak half as many.	¡Qué hombre tan feliz! Estaría muy contento si pudiera hablar la mitad de ellas.
Do you know this lady?	¿Conoce V. a esta señora?
I much regret I do not.	Siento mucho que no.
Yes. she is a friend of my younger sister.	Sí, es una amiga de mi hermana menor.
That is fortunate. Mr. B. I am happy to see you. I trust you are well.	¡Qué suerte! Señor B., me alegro de verle. Espero se encuentre bien.
Where have you been all this time?	¿Dónde ha estado V. todo este tiempo?
When did you arrive?	¿Cuándo llegó V.?
I arrived yesterday, after a few weeks' travelling in Spain.	Llegué ayer, después de un viaje de algunas semanas en España.
When will you be back?	¿Cuándo estará V. de vuelta? ¿Cuándo volverá V.?
In a few weeks.	Dentro de pocas semanas.
Don't forget to look me up.	No olvide V. venir a verme.
I shall have much pleasure in doing so.	Lo haré con mucho gusto.
Have you been away?	¿Ha estado V. ausente?
Only for a few days; I was in Madrid.	Algunos días sólamente; he estado en Madrid.
And how have you been getting on?	¿Y cómo lo ha pasado V.?
Very well; I met some friends.	Muy bien; encontré algunos amigos.
I must go and see my uncle to-night.	Debo ir a ver a mi tío esta noche.
Pardon me, I have a few words to say to my friend here.	Dispense V., quiero decir una palabra a este amigo.
Will you be kind enough to give my compliments to Mr. D.?	¿Quiere V. tener la bondad de saludar de mi parte al señor D.?
With the greatest pleasure. I am going home to dinner.	Con el mayor placer. Voy a casa para comer.

Adieu, till we meet again.	Adiós, hasta la vista.
Good-bye.	Adiós.

In the Garden.	*En el Jardín.*[25]
Would you like to take a walk in the garden?	¿Quiere V. dar una vuelta en el jardín?
With great pleasure.	Con mucho gusto.
I like gardens very much.	Me gustan mucho los jardines.
Let us go into the fruit-garden first.	Pasemos primero al huerto.
There is a fine show of plums this year.	Hay abundancia de ciruelas este año.
What a quantity of apples there will be!	¡Qué de manzanas habrá!
Yes, if one may judge by the blossom.	Si, a juzgar por las flores.
The apricots will be very fine this year.	Los albaricoques serán muy buenos este año.
These peaches look well.	Estos melocotones parecen buenos.
You will have plenty of apples.	Tendrá V. muchas manzanas.
Cherries and strawberries are now in their prime.	Las cerezas y las fresas están ahora en su mejor punto.
They will soon be over.	Pronto se pasarán.
These grapes are quite ripe.	Estas uvas están enteramente maduras.
These pears are very juicy.	Estas peras son muy jugosas.
All fruit is very early this season.	Toda la fruta es muy tempranera este año (en la estación actual).
The espaliers especially.	Especialmente las de las espalderas.
And how are the trees in your orchard?	¿Y cómo están los árboles de su huerto?
They are laden with fruit.	Están cargados de fruta.
Now let us go into the flower-garden.	Vamos ahora al jardín.
You have not yet seen my flowers.	V. no ha visto todavía mis flores.
Come and see my flowers, they are beautiful.	Venga V. a ver mis flores, son hermosas.
The garden begins to look pleasant.	El jardín principia a presentar buen aspecto.
The flowers come in abundance.	Las flores vienen en abundancia.

[25] Flower-garden, *jardín*; fruit-garden, *huerto*; vegetable-garden, *huerta*.

The tulips have been in blossom some time.	Hace ya algún tiempo que los tulipanes están en flor.
The narcissus will soon come out.	Los narcisos estarán pronto en flor.
What a fine bed you have of them!	¡Qué hermoso cuadro de ellos tiene V.!
The hyacinths are nearly over.	Los jacintos están ya casi pasados.
What do you call this flower?	¿Cómo llama V. a esta flor?
What a beautiful double dahlia!	¡Qué hermosa dalia doble!
Here is a fine cactus.	Aquí tiene V. un hermoso cacto.
Are you fond of carnations?	¿Le gustan a V. los claveles (claveles dobles)?
Yes, but I do not like the smell.	Sí, pero no me gusta el olor.
Here are some very fine ones.	Aquí tiene V. unos muy buenos.
I like the odour of the violet.	Me gusta el olor de la violeta.
I prefer the scent of roses.	Prefiero el olor de las rosas.
You have not seen my sweet peas.	V. no ha visto mis guisantes de olor.
They are astonishingly beautiful.	Son hermosísimos.
You have a very fine collection of flowers.	V. tiene una hermosa colección de flores.
You keep your garden very neat.	V. tiene su jardín muy bien arreglado.
Your garden is perfectly well kept.	Su jardín de V. está en muy buen estado.
Let us see your kitchen-garden.	Vamos a ver su huerta de V.
How everything grows!	¡Cómo brota todo!
The rain has done a great deal of good.	La lluvia ha hecho mucho bien.
There was a great need of it.	Hacía mucha falta.
We need more.	Nos hace falta más.
What a quantity of cabbages!	¡Qué cantidad de coles!
What fine cauliflowers!	¡Qué hermosas coliflores!
Here is a fine bed of asparagus.	¡Tiene V. aquí un hermoso plantel de espárragos.
I am very fond of it.	Me gustan mucho.
I like artichokes nearly as well.	Me gustan casi tanto las alcachofas.
These peas are in blossom already.	Estos guisantes están ya en flor.
I have some in pod in another place.	Tengo algunos en cáscara en otro sitio.
Have you planted any beans?	¿Ha plantado V. habas?
You will have some very early.	Las tendrá V. muy temprano.
What are these?	¿Qué son éstos?

They are carrots and turnips.	Son zanahorias y nabos.
What have you there?	¿Que tiene V. allí?
They are truffles.	Son trufas.
I had never seen any before.	No las había visto hasta ahora.
Are these onions?	¿Son éstas cebollas?
No, they are leeks.	No, son puerros.
They are very much like onions.	Se parecen mucho a las cebollas.
I see you have all sorts of salad.	Veo que tiene V. toda clase de ensalada.
Here is lettuce.	Aquí tiene V. lechuga.
This is endive.	Esta es escarola.
I do not see any celery.	No veo apio.
It is in another part of the garden.	Está en otra parte de la huerta.
I think your garden is very well stocked.	Su huerta de V. me parece muy bien surtida.
You have plenty of everything.	Tiene V. de todo en abundancia.
It is better to have too much than too little, for store is no sore.	Mejor es tener demasiado que no bastante, pues lo que abunda no daña.[26]

To write a Letter. / *Escribir una Carta.*

I have a letter to write to-day.	Tengo que escribir una carta hoy.
Is it for the mail?	¿Es para el correo?
Yes, it must leave to-night.	Sí, es preciso que vaya esta noche.
You have no time to write, it is very late already.	V. no tiene tiempo para escribir, es ya muy tarde.
I shall not be long.	No tardaré mucho.
Do you want any note-paper?	¿Necesita V. papel de cartas?
I have a whole quire.	Tengo una mano entera.
Lend me a sheet if you please.	Hágame V. el favor de prestarme una hoja.
Be good enough to bring me some envelopes, ink, pens and sealing-wax.	Tenga V. la bondad de traerme sobres, tinta, plumas y lacre.
Here they are. Do you require any stamps?	Aquí están. ¿Necesita V. sellos?

[26] Or, *nunca por mucho trigo es mal año.*

I shall want a shilling's worth of half-penny stamps to send some circular letters to my friends on the continent; twelve penny ones, and four two pence half-penny ones, as I shall have to write to my brothers in Spain.	Necesitaré por valor de un chelín en sellos de medio penique para poder mandar algunas cartas circulares a mis amigos del continente; doce de un penique, y cuatro de dos peniques y medio, porque tendré que escribir a mis hermanos en España.
I also want some post-cards and two envelopes for registered letters.	Necesito también algunas tarjetas postales y dos sobres para cartas certificadas.
What is the day of the month?	¿A cuántos estamos del mes? ¿Qué fecha somos?
It is the third.	Estamos a tres, Hoy es día tres.
Now, I have only the address to write.	Ahora sólo tengo que escribir la dirección.
When does the mail start?	¿Cuándo sale el correo?
The letters must be posted before half-past five, if you want them to go by the evening mail.	Las cartas se deben echar en el buzón antes de las cinco y media, si quiere V. que vayan por el correo de la tarde.
Do you not think this letter is too heavy?	¿No le parece a V. que esta carta es demasiado pesada?
I do not think so.	Me parece que no.
Shall I get you the Post Office Order you mentioned last night?	¿Quiere V. que le procure el Giro Postal de que me habló anoche?
Yes, please.	Sí, hágame V. el favor.
What amount do you want to send?	¿Qué suma quiere V. mandar?
Two hundred and thirty-two pesetas twenty-five centimos. I am just going out and shall get the money at my banker's.	Doscientas treinta y dos pesetas y veinticinco céntimos. Salgo ahora mismo y tomaré el dinero en casa de mi banquero.
Do you know whether Post Office Orders are issued after five o'clock?	¿Sabe V. si se emiten (se expiden) Giros Postales después de las cinco?
Take this letter to the Post Office, and pay the postage.	Lleve V. esta carta al correo, y franquéela.
Get it registered.	Hágala certificar.
The mail was just going.	El correo estaba para salir.
Will my letter go off to-night?	¿Irá mi carta esta noche?
Yes, I arrived in time.	Sí, llegué a tiempo.

Your letter will be delivered to-morrow morning.	Su carta de V. se entregará mañana por la mañana.
When does the mail for England leave?	¿Cuándo sale el correo para Inglaterra?
It goes at six o'clock.	Sale a las seis.
How much is the postage for letters to England?	¿Cuánto es el porte de las cartas para Inglaterra?
Twenty-five centimos for every fifteen grammes.	Veinticinco céntimos por cada quince gramos.
Can you tell me when these letters will arrive at their destination?	¿Puede V. decirme cuándo llegarán estas cartas a su destino?
They ought to arrive within three days, Sir.	Deben llegar dentro de tres días, Señor.
This letter is too heavy, the postage will be fifty centimos.	Esta carta es demasiado pesada, el porte será cincuenta céntimos.
I am expecting a letter from X... today, do me the favour to send to the Post Office to enquire if there are any letters for me.	Espero una carta hoy de X..., hágame V. el favor de enviar al correo a preguntar si hay cartas para mí.
Here is my card. Will you please tell me if there are any letters for me from Paris?	Aquí tiene V. mi tarjeta. ¿Quiere V. decirme si hay cartas para mí de París?
Must I seal the registered letter?	¿Debo sellar la carta certificada?
No, Sir, it is not necessary.	No, Señor, no es necesario.
Take this letter to Madam E. and wait for the answer.	Lleve V. esta carta a la señora E., y espere la respuesta.
These envelopes are inferior, I want better ones.	Estos sobres son inferiores, los quiero mejores.
Get me a dozen stamps of twenty-five centimos, and two foreign post-cards.	Cómpreme V. una docena de sellos[27] de veinticinco céntimos, y dos tarjetas postales para el extranjero.
Very good, Sir.	Muy bien, Señor.

With a Tailor.	***Con un Sastre.***
Somebody is asking for you.	Preguntan por V.
Who is it? Who wants to speak to me.	¿Quién es? ¿Quién quiere hablarme?

[27] In Spain stamps are sold at tobacconists' (*estancos*), not as in England, at the Post Office.

It is the tailor.	Es el sastre.
Tell him to come up.	Dígale V. que suba.
I have brought your coat, Sir.	Traigo su levita de V., Senor.
I am glad you have come this morning.	Me alegro que V. haya venido esta mañana.
I began to be impatient.	Principiaba a impacientarme.
I have just finished it.	La he acabado ahora mismo.
I hope you will be pleased with it.	Espero que le gustará a V.
Let me try it on.	Déjeme V. ensayarla (probarla).
Let me see whether it fits me.	Veamos si me sienta bien.
It fits you like a glove.	Le viene a V. como anillo al dedo.
It fits me very well.	Me viene muy bien.
Are not the sleeves too long and too wide?	¿No son las mangas demasiado largas y anchas?
They are worn so now.	Así se llevan ahora.
It is too tight.	Es demasiado estrecha.
It will stretch.	Se ensanchará.
I think it is too long.	Me parece demasiado larga.
It cuts me under the arms.	Me aprieta en el sobaco.
I do not see what alterations there are to make.	No veo ningún cambio que hacer.
It could not fit you better.	No podría sentarle mejor.
Look in the glass.	Mírese V. en el espejo.
What is your charge for this coat?	¿Cuánto me pide V. por esta levita?
It is rather dear.	Es un poco cara.
Is there no reduction?	¿No se rebaja nada?
This coat is out of fashion.	Esta levita está fuera de moda.
The waistcoat is not well made.	El chaleco no está bien hecho.
The waistcoat must be altered.	Será preciso arreglar el chaleco.
It is too short.	Es demasiado corto.
It is rather long.	Es algo largo.
I want another coat.	Necesito otra levita.
I want a suit of clothes.	Quiero un traje.
Will you take my measure(ments)?	¿Quiere V. tomarme la medida?
How will you have it made?	¿Cómo quiere V. que se haga?

As now worn.	Como ahora se estila.
In the latest fashion.	A la última moda.
I like to be neatly and plainly dressed.	Me gusta estar aseada y sencillamente vestido.
I want a waistcoat and a pair of trousers.	Necesito un chaleco y un pantalón.
Will you show me some patterns?	¿Quiere V. mostrarme unas muestras?
Have you brought some with you?	¿Ha traído V. algunas?
I have a great variety.	Tengo un gran surtido.
Let me see them.	Déjeme V. verlas.
I like this fine blue pretty well.	Me gusta bastante este azul fino.
It is a very fashionable colour.	Es un color muy a la moda.
Blue will become you very well.	El azul le vendrá a V. muy bien.
What do you think of this blue?	¿Qué le parece a V. de este azul?
This colour will soon fade.	Este color perderá pronto.
What sort of buttons will you have?	¿Qué clase de botones quiere V.?
Will you have covered buttons?	¿Quiere V. botones forrados.
Do you wear your trousers very high?	¿Lleva V. el pantalón muy alto?
Not very.	No mucho.
Neither too high nor too low.	Ni muy alto ni muy bajo.
Let them come up about so high.	Hágalo V. subir hasta aquí.
I like them very low.	Me gusta muy bajo.
It is the fashion to wear them very low.	Es moda llevarlos muy bajos.
I do not like them too low.	No me gustan demasiado bajos.
I must have everything the day after tomorrow.	Necesito todo para pasado mañana.
I shall be punctual.	Seré puntual.
When will they be ready?	¿Cuando estarán listos?
You will have them next Monday.	Los tendrá V. el lunes que viene.
At what time must I call, Sir?	¿A qué hora quiere V. que venga, Señor?
At about ten.	A eso de las diez.
Between ten and eleven.	Entre diez y once.

With a Dressmaker.	***Con una Modista.***
Madam, I have brought your gowns.	Señora, traigo sus vestidos de V.

Ah! Miss A..., is it you?	¡Ah! Señorita A..., ¿es V.?
I was impatient to see you.	Estaba impaciente de verla.
You have made me wait a long while.	V. me ha hecho esperar mucho.
How many dresses have you brought?	¿Cuántos vestidos me trae V.?
Are they of different styles?	¿Son de hechuras diferentes?
This dress fits me well.	Este vestido me sienta bien.
This one appears very short.	Este me parece muy corto.
Morning gowns are now made so.	Las batas se hacen así ahora.
I do not like them so short.	No me gustan tan cortas.
Let me try this on.	Déjeme V. probar ésta.
Here is a French cambric dress to try on.	Aquí tiene V. un vestido de batista para probar.
Here is a muslin one, and a cambric one.	Aquí tiene V. uno de muselina, y otro de batista.
Take that pin out.	Quite V. ese alfiler.
Is all that sewn carefully?	¿Todo se ha cosido con cuidado?
What trimmings will you put on this evening dress?	¿Qué guarniciones va V. a poner en este vestido de etiqueta?
Is this trimming fashionable?	¿Es de moda esta guarnición?
They are much worn now.	Se usan mucho actualmente.
Trim it with lace.	Adórnelo con encaje.
Is not this gown too full at the bottom?	¿No es este vestido demasiado ancho abajo?
I think it is; I can easily remedy it.	Creo que sí; puedo remediarlo fácilmente.
The sleeves are too tight.	Las mangas son demasiado estrechas.
The sleeves are too wide.	Las mangas son demasiado anchas.
The waist is too long.	La cintura es demasiado larga.
The waist is too short.	La cintura es demasiado corta.
The gown is not wide enough.	El vestido no es bastante ancho.
The plaits do not fall gracefully.	Los pliegues no caen con gracia.
The last fits the best.	El último me sienta mejor.
It fits my waist exactly.	Me sienta perfectamente en la cintura.
Take it for a pattern, and all the others will fit well.	Tómelo V. por modelo, y todos los demás me sentarán bien.

Remember, I expect my things in a few days.	No olvide V. que necesito estos vestidos dentro de pocos días.
I will pay you when you bring everything you have to make for me.	Le pagaré a V. cuando me traiga todo lo que tiene que hacerme.
Be very punctual, please.	Sírvase V. ser muy puntual.
Madam, you shall have everything to-morrow morning.	Señora, tendrá V. todo mañana por la mañana.
You will oblige me.	Me hará V. un favor.

At a Hairdresser's or Barber's. / *En una Peluquería o Barbería.*

I want to be shaved as quickly as possible.	Quiero que me afeite V. tan pronto como posible.
Very good, Sir; will you kindly take this seat	Muy bien, Señor; sírvase V. sentarse aquí.
Ah, you have cut me!	¡Ah! me ha cortado V.
I beg your pardon, it is not much, only a pimple I have taken off.	Perdone V., no es mucho, es sólamente un granillo que he levantado.
Shall I cut your hair a little?	¿Quiere V. que le corte un poco el pelo (el cabello)?
No thanks, it does not require cutting yet.	No, gracias, no es necesario todavía.
Yes please.	Sí, haga V. el favor.
Do you want it very short?	¿Lo quiere V. muy corto?
Not too short.	No mucho.
Take off a little only.	Iguálelo V. sólamente.
Quite short.	Al rape.
Middling. A trim.	A media melena.
Give me a shampoo.	Láveme V. la cabeza. Deme V. un champú.
Part it on the left.	Hágame V. la raya al lado izquierdo.
Would you like a little pomade?	¿Quiere V. un poco de pomada?
No, but you may put on a little brilliantine.	No, pero puede V. ponerme un poco de brillantina.
Let me have a looking-glass.	Deme V. un espejo.

At a Shoemaker's.	*En una Zapatería.*
Have you shoes ready-made?	¿Tiene V. zapatos hechos?
Show me some of different sizes.[28]	Muéstreme V. algunos de varios tamaños.
I will try these.	Probaré éstos.
Give me the shoe-horn.	Deme V. el calzador.
They hurt me.	Me lastiman.
I cannot walk.	No puedo andar.
They are too low.	Son demasiado bajos.
They are too high.	Son demasiado altos.
They are too large.	Son demasiado grandes.
They are too small.	Son demasiado pequeños.
The heels are too wide.	Los tacones son demasiado anchos.
You had better make me a pair to measure.	Será mejor que me haga V. un par a medida.
Let me see some boots.	Muéstreme V. algunas botas.
These are too narrow.	Estas son demasiado estrechas.
I think these will fit you very well.	Creo que éstas le vendrán muy bien.
The boot is narrow, but it will not hurt you.	La bota es estrecha, pero no le hará daño.
In fact, they fit me very well.	En efecto, me vienen muy bien.
Give me the boot-jack to pull them off.	Deme V. el sacabotas para quitarlas.
Make me also a pair of slippers.	Hágame V. también un par de zapatillas.
What colour?	¿De qué color?
Make them very wide.	Hágalas muy anchas.
Do not make the soles too thin.	No haga V. las suelas demasiado delgadas.
Take care that the welts be well sewn.	Cuidado que las viras sean bien cosidas.

At a Woollen-draper's.	*En una Pañería.*
I want to buy some cloth.	Quiero comprar paño.
What sort of cloth do you want?	¿Qué clase de paño quiere V.?
Show me the best you have.	Enséñeme V. lo mejor que tiene.
What colour do you prefer?	¿Qué color prefiere V.?

[28] See note, page 36.

I like this colour pretty well.	Este color me gusta bastante.
Is it fashionable?	¿Es de moda?
Blue and black are always fashionable.	El azul y el negro están siempre en moda.
Show me some others.	Enséñeme V. otros.
Here are patterns of all the superfine cloth I have in my shop.	Aquí tiene V. muestras de todos los paños finos que tengo en la tienda.
This colour will soon fade.	Este color perderá pronto (durará poco).
Excuse me, Sir, it will last very well.	Perdone V., Señor, durará mucho.
This cloth is very thin.	Este paño es muy delgado.
Here is another piece.	Aquí tiene V. otra pieza.
It feels very soft.	Me parece muy suave.
It is substantial.	Es fuerte.
This will do.	Este me conviene.
How much do you ask for it?	¿Cuanto pide V. por él?
How much a yard is it?	¿A cómo se vende la vara?
Five pesetas.	A cinco pesetas.
Is that the lowest price?	¿Es ése el último precio?
Cut me three yards.	Córteme V. tres varas.
Here is your money.	Aquí tiene V. su dinero.

At a Linen-draper's.	***En una Lencería.***
Will you show me some Irish linen of the best quality.	Sírvase V. mostrarme tela de Irlanda de la mejor calidad.
Here are several pieces.	Aquí tiene V. varias piezas.
Do you prefer it to fine Holland?	¿La prefiere V. a tela fina de Holanda?
I will show you some.	Le mostraré a V. alguna.
It will cost you more.	Le costará a V. más.
Yes, but it is wider.	Sí, pero es más ancha.
Here is a piece at one peseta, one at one and a half, and another at two pesetas.	Aquí tiene V. una pieza a peseta, otra a peseta y media, y esta otra a dos pesetas.
This is rather fine.	Esta es un poco delgada.
I will unfold this piece.	Abriré esta pieza.
I think you will find it fine.	Creo que la encontrará V. fina.

This is a fine white.	Esta es de un blanco fino.
What is the price of it?	¿Cuál es el precio?
That cloth seems to me very dear.	Esa tela me parece muy cara.
It will wear well.	Durará mucho.
Give me these two pieces.	Deme V. estas dos piezas.
Do you want any French cambric?	¿Necesita V. alguna batista?
I have some fine French cambric which is not dear.	Tengo alguna batista fina que no es cara.
How many yards do you want?	¿Cuántas varas necesita V.?
Allow me to show you some fine tablecloths and napkins.	Permítame V. mostrarle algunos manteles finos y servilletas.
They are of a new pattern.	Son de un diseño nuevo.
They are indeed very handsome.	Son en efecto muy hermosos.
But I do not want any.	Pero no necesito ningunos.
Have you any good French cambric pocket-handkerchiefs?	¿Tiene V. pañuelos de batista de buena calidad?
Yes, Sir, and I am sure they will please you.	Sí, Señor, y estoy seguro que le gustarán a V.
I will take four dozen.	Tomaré cuatro docenas.
Have them marked with my initials, and send me everything to-morrow.	Mándelos V. marcar con mis iniciales, y envíeme todo mañana.

At a Perfumer's.	***En una Perfumería.***
Your shop has been recommended to me by Mrs. B.	Su tienda de V. me ha sido recomendada por la señora B.
Have you a good assortment of perfumery?	¿Tiene V. buen surtido de perfumes?
What articles do you keep?	¿Qué artículos vende V.?
I have everything you can desire.	Tengo todo lo que pueda V. desear.
My stock is as complete as it can be.	Tengo un surtido tan completo como posible.
I want some powder.	Necesito polvos.
Will you have it scented?	¿Los quiere V. perfumados?
Yes; show me some jessamine.	Sí; enséñeme V. los de jazmín.
The scent is not very strong.	El olor no es muy fuerte.

It will suit me.	Me conviene.
I have also violet, rose, and orange-flower.	Los tengo también de violeta, de rosa, y de azahar.
I want also some lavender-water and some eau de Cologne.	Quiero también aguas de lavanda y de Colonia.
Have you any essential oils?	¿Tiene V. aceites esenciales?
Yes, Madam, several sorts.	Sí, Señora, de varias calidades.
This is of a superior quality.	Este es de una calidad superior.
How much do you sell this oil of roses for?	¿A cómo vende V. este aceite de rosas?
That is very dear.	Es muy caro.
It is too dear.	Es demasiado caro.
It is excessively dear.	Es carísimo.
I can buy some elsewhere for less.	Puedo comprarlo más barato en otra parte.
It is the usual price.	Es el precio de costumbre.
It is a fixed price.	Es precio fijo.
Let me have a bottle of orange-flower water.	Necesito una botella de agua de azahar.
I have now all I want.	Tengo ahora todo lo que necesito.
Give me my account.	Deme V. mi cuenta.
It amounts to...	Sube a...
Here is your money and my address.	Aquí tiene V. su dinero y mi dirección.
Send me all these articles.	Envíeme V. todos estos artículos.

At a Bookseller's.	***En una Librería.***
Have you any new books?	¿Tiene V. obras nuevas?
I should like to see the books you have just received.	Quisiera ver los libros que V. acaba de recibir.
With great pleasure, Sir; they were unpacked just now.	Con mucho gusto, Señor; acaban de desempaquetarlos.
They are books of history, mathematics, philosophy, divinity, physics and law.	Son libros de historia, matemáticas, filosofía, teología, física y derecho.
Are all these new books?	¿Son todas obras nuevas?
No, Sir, some are new, some are old publications.	No, Señor, hay nuevas y viejas.

I hope you will find some to suit your taste.	Espero que encontrará V. algunas de su gusto.
Here is a list of the books I wish to have.	Aquí tiene V. la lista de los libros que deseo tener.
Have you now the Mariana that I asked you for?	¿Tiene V. ahora el Mariana que le pedí?
I have only the 18mo. edition.	Sólo tengo la edición en dieciochavo.
It is embellished with coloured plates.	Está adornada con láminas de color.
Show me some volumes of Quevedo.	Enséñeme V. algunas de las obras de Quevedo.
They will bring you some immediately.	Le traerán algunas en seguida.
Here are some.	Aquí tiene V. algunas.
This size suits me pretty well.	Este tamaño me gusta bastante.
I should like to have them bound.	Las quiero encuadernadas.
I will have them bound in calf, and lettered.	Deseo que sean encuadernadas en becerrillo, y rotuladas.
I wish to have the edges marbled.	Deseo que el canto sea jaspeado.
Show me some of your most handsome books bound in Russian leather.	Enséñeme V. algunos de sus libros más hermosos encuadernados en cuero de Rusia.
Here are the best we have at present.	Estos son los mejores que tenemos al momento.
I like this pattern exceedingly.	Este diseño me gusta muchísimo.
I wish this Virgil to be bound in morocco.	Quiero que este Virgilio sea encuadernado en tafilete.
Is the price the same for all colours?	¿Es igual el precio para todos los colores?
Exactly the same.	Precisamente igual.
Then I will have it bound in green.	Entonces quiero que sea encuadernado en verde.
What is the cost for each volume?	¿Cuál es el coste para (¿Cuánto cuesta) cada volumen?
Have you Moratin's works complete?	¿Tiene V. las obras completas de Moratín?
We have the best edition.	Tenemos la mejor edición.
I wish to have the Travels of young Anacharsis.	Quiero el Viaje del joven Anacarsis.

I have one in octavo, but it is only in boards.	Tengo un ejemplar en octavo, pero encartonado.
I will take it, but you must have it bound in Russia leather.	Lo tomaré, pero tendrá V. que mandarlo encuadernar en cuero de Rusia.
Here is a fine edition of Cervantes.	Aquí tiene V. una hermosa edición de Cervantes.
I see in your catalogue a great many splendid editions at a very high price.	Veo en su catálogo de V. un gran número de ediciones magníficas a precios muy elevados (altos, subidos).
Have you a Guevara in small size?	¿Tiene V. un Guevara de tamaño pequeño?
I have the stereotype edition, on four different kinds of paper.	Tengo la edición estereotípica, en cuatro clases diferentes de papel.
This edition on large vellum paper is beautifully bound.	Esta edición en papel vitela grande está hermosamente encuadernada.
I think I had better take the large vellum paper.	Creo que haré bien en tomar el ejemplar en papel vitela grande.
Here is a very pretty copy.	Aquí tiene V. un ejemplar muy bonito.
It is bound in green morocco, with gilt edges.	Está encuadernado en tafilete verde, con canto dorado.
I have romances and novels, plays, reviews, etc.	Tengo romances y novelas, obras teatrales, revistas, etc.
Oh! I will not have any.	¡Oh! de ésos no quiero.
Sir, do you want anything else?	Señor, ¿necesita V. algo más?
I want a copy of Solis; but I do not see one.	Quiero un ejemplar de Solís; pero no veo ninguno.
I have several, but they are in sheets.	Tengo varies, pero están en hojas.
What sort of binding do you prefer?	¿Qué clase de encuadernación prefiere V.?
Will you have it in calf or sheepskin?	¿Lo quiere V. en becerrillo o en badana?
Half-binding will do; but it must be lettered like that Mariana.	Bastará la media pasta; pero quiero que sea rotulado como ese Mariana.
I will take care that it is done as you wish.	Tendré cuidado de mandarlo hacer como V. desea.
I also want Hossfeld's English-Spanish Grammar, as well as Hossfeld's Spanish-English Grammar.	Necesito también la Gramática Inglesa-Española de Hossfeld, así como la Gramática Española-Inglesa.

I also require Hossfeld's Spanish Reader.	Quiero también el Libro de Lectura Española de Hossfeld.
Do you want anything else?	¿Necesita V. alguna cosa más?
Have you a map of Madrid?	¿Tiene V. un plano de Madrid?
I wish to have the best and the most correct that is published.	Quiero tener el mejor y el más exacto que se haya publicado.
Send me everything to-day.	Envíeme V. todo hoy.
I intend to leave Madrid to-morrow morning.	Pienso salir de Madrid mañana por la mañana.

At a Jeweller's.	***En una Joyería.***
Will you show me some rings?	¿Quiere V. mostrarme algunas sortijas?
Are these set with fine stones?	¿Están éstas engastadas con piedras finas (piedras preciosas)?
What is the price of this ring.	¿Cuál es el precio de esta sortija?
It is much too dear.	Es demasiado cara.
That diamond has a beautiful lustre.	Ese diamante tiene mucho brillo.
I like that ring very much.	Esa sortija me gusta mucho.
I think it is rather too large for me.	Creo que es demasiado grande para mí.
Show me some others.	Enséñeme V. otras.
This fits me well.	Esta me viene bien.
Is it firmly mounted?	¿Es fuerte el engaste?
What do you ask for it?	¿Cuánto pide V. por ella?
I prefer the first.	Prefiero la primera.
Can you make it smaller?	¿Puede V. achicarla?
Very easily, and without injuring the mounting.	Muy fácilmente, y sin dañar el engaste.
I want a gold chain.	Quiero una cadena de oro.
Mine is no longer in fashion.	La mía ya no es de moda (ya no está en moda).
I can take it in exchange.	Puedo tomarla en cambio.
What will you allow me for mine?	¿Cuánto me dará V. por la mía?
I will weigh it.	La pesaré.
If I exchange my chain, I must exchange my seal too.	Si cambio mi cadena, tendré que cambiar mi sello también.

Here are several seals of the newest fashion.	Aquí tiene V. varios sellos de la última moda.
I will take these two.	Tomaré estos dos.
I should like to have my initials engraved on this seal.	Quiero que se graben mis iniciales en este sello.
Will you get it engraved?	¿Quiere V. mandarlo grabar?
I will give it to the most skilful engraver we have.	Lo daré al grabador más hábil que tenemos.
Show me some earrings.	Enséñeme V. algunos pendientes.
Here are some of exquisite workmanship.	Aquí tiene V. algunos de una hechura exquisita.
Here is a splendid necklace.	Hay aquí un collar magnífico.
It is not for sale.	No es para vender.
I have just sold it to a lady.	Acabo de venderlo a una señora.
These bracelets are for the same lady.	Estas pulseras son para la misma señora.
What is the price of this pin?	¿Cuál es el precio de este alfiler?
Are these pins of the latest fashion?	¿Son estos alfileres de la última moda?
This topaz surrounded with pearls I like much better.	Me gusta mucho más este topacio cercado de perlas.
It is very beautiful.	Es muy hermoso.
I think it is stronger.	Me parece más fuerte.
I have something else to show you.	Tengo otra cosa que enseñarle a V.
No, thank you; I will come another day.	No, gracias; volveré otro día.

At a Watchmaker's. / *En una Relojería.*

I am not pleased with the watch you sold me.	No me gusta el reloj que V. me vendió.
Yet I took it on your word.	Sin embargo, lo tomé bajo su palabra.
It does not go well.	No va bien.
It gains.	Adelanta.
It loses.	Atrasa.
I cannot regulate it.	No puedo arreglarlo.
It is a new watch.	Es un reloj nuevo.
It will require some time to regulate it.	Hará falta algún tiempo para arreglarlo.

I think so.	Así creo.
If you are not satisfied, I will change it.	Si V. no está satisfecho, lo cambiaré.
Here is a very good watch.	Aquí tiene V. un reloj muy bueno.
It also shows the day of the month.	Indica también el día del mes.
I do not like such complicated watches.	No me gustan relojes tan complicados.
They are often out of order.	Se descomponen a menudo.
I want a good repeater.	Necesito un buen reloj de repetición.
I have an excellent one.	Tengo uno excelente.
Do you warrant it?	¿Lo garantiza V.?
Will you let me have it on trial?	¿Me lo da V. a prueba?
I will only take it on those terms.	Lo tomo sólamente bajo esa condición.
I agree to it with pleasure.	Convengo en ello con gusto.
I will let you have it on trial.	Se lo doy a prueba.
Since I had it, it has not varied one minute.	Después que lo tengo, no ha variado ni un minuto.
You will be pleased with it.	V. estará contento con él.
I can warrant it.	Puedo garantizarlo.
How much do you want for it?	¿Cuánto pide V. por él?
I have a watch at home which wants cleaning.	Tengo un reloj en casa que necesita limpiarse.
It is an old watch.	Es un reloj viejo.
It has not gone for a fortnight.	Hace una quincena que no anda.
I let it fall.	Lo dejé caer.
I think the mainspring is broken.	Creo que se ha roto el muelle real.
I will send it to you to-day.	Se lo enviaré a V. hoy.
I must keep it a few days.	Tendré que guardarlo algunos días.
When will you return it?	¿Cuándo me lo devolverá V.?
I cannot promise it you before a fortnight.	No puedo prometérselo para antes de una quincena.
It is a long time.	Es mucho tiempo.
If there is nothing broken you shall have it to-morrow.	Si no se ha roto nada, lo tendrá V. mañana.
Do not disappoint me.	No falte V.
You may rely on its being ready at that time.	Puede V. contar con que estará listo para entonces.
Here are very beautiful clocks.	Aquí tiene V. relojes muy hermosos.

I want one.	Necesito uno.
You can select which you like.	Puede V. escoger el que quiera.
Not to-day.	Hoy no.
We will speak of it another time.	Hablaremos de ello en otra ocasión.
Do you sell spectacles?	¿Vende V. anteojos?
I want an opera-glass.	Necesito gemelos de teatro.
Do you keep microscopes?	¿Tiene V. microscopios?
This glass magnifies too much.	Este vidrio aumenta demasiado.
That does not magnify enough.	Ese no aumenta bastante.
That opera-glass is not good.	Esos gemelos no son buenos.
I want a better one.	Los quiero mejores.

At a Picture Gallery. / *En una Galería de Pinturas.*

Is there any collection of paintings in this town?	¿Hay alguna colección de pinturas en esta ciudad?
Is there an annual exhibition of paintings in this place?	¿Hay exposición anual de pinturas en este lugar?
Yes, Sir; I hope you will be pleased with it.	Si, Señor; espero que le gustará a V.
When will the exhibition take place?	¿Cuándo tendrá lugar la exposición?
It is open now.	Está abierta ahora.
Let us go there.	Vamos allá.
I have a passion for pictures.	Soy apasionado por (muy aficionado a) las pinturas.
That painting is a copy from Raphael.	Esa pintura es una copia de Rafael.
This is from Poussin.	Esta es de Poussin.
This is a copy from Titian.	Esta es una copia de Ticiano.
Titian excelled in colouring.	Ticiano sobresalió en el colorido.
And in drawing likewise.	Y también en el dibujo.
There is a fine blending of colours in that picture.	Hay una excelente distribución de colores en esa pintura.
Its composition is fine.	Su composición es excelente.
This is an historical picture.	Este es un cuadro histórico.
This is a well executed painting.	Esta es una pintura bien ejecutada.
The passions are well portrayed.	Las pasiones están bien representadas.

How do you like the foreground?	¿Qué le parece a V. del primer plano?
That picture requires to be seen in its proper light.	Ese cuadro es preciso verlo en buena luz.
It is not in a good light (situation).	Este no es su punto de vista. No le da bien la luz. No está bien colocado.
That picture is deficient in colouring.	A esa pintura le falta color.
That painter draws better than he colours.	Ese pintor dibuja mejor que colora.
Those colours are too gaudy.	Esos colores son demasiado vivos.
They should have been subdued.	Debían haber sido suavizados.
There are fine tones of colour in that picture.	Hay hermosos matices en esa pintura.
This valuable picture is in fine preservation.	Este cuadro precioso está bien conservado.
How well the lights and shades are distributed!	¡Qué bien distribuídos están los claros y oscuros!
That painter thoroughly understands the disposition of the lights.	Ese pintor entiende perfectamente la distribución de los claros (de las luces).
It is in the style of Rembrandt.	Es del estilo de Rembrandt.
That great master formed a style adapted to great effects.	Ese gran maestro formó un estilo adaptado a los grandes efectos.
A landscape forms the background to the figures in that picture.	Un paisaje forma el fondo de las figuras en ese cuadro.
This is a watercolour.	Esta es una acuarela (una aguada).
That drawing is from nature.	Ese dibujo es del natural.
That artist understands very well the effect of light and shade.	Ese artista entiende muy bien el efecto del claroscuro.
These figures are painted in half tone.	Estas figuras están pintadas a media tinta.
That painter succeeds better in portrait than in historical painting.	Ese pintor tiene más éxito con los retratos que con los cuadros históricos.
Have you seen that pencil-sketch?	¿Ha visto V. aquel bosquejo al lápiz?
No, I was examining this drawing in Indian ink.	No, estaba examinando este dibujo de tinta china.
I like oil-painting better.	Me gusta más la pintura al oleo.

There are two very beautiful sea-pieces near the window.	Cerca de la ventana hay dos marinas muy hermosas.
The reflections in the water are admirable.	Los reflejos en el agua son admirables.
See those clouds, how skilfully the lights are managed?	Vea V. esas nubes, ¡qué bien se han manejado las luces!
I am delighted with all I have seen.	Estoy muy contento con todo lo que he visto.
I think we have seen everything.	Creo que hemos visto todo.
Let us go.	Vámonos.
We will come again to-morrow.	Volveremos mañana.

Chess.	*Ajedrez.*
Let us play a game at chess.	Juguemos una partida de ajedrez.
I like it better than whist, or even piquet.	Me gusta más que el whist, o el piquete.
I do not know the game well.	No conozco bien el juego.
Where is the chess-board.	¿Dónde está el tablero?
Here it is, with the chess men.	Aquí está, con las piezas.
I want a bishop.	Me falta un alfil.
Your queen is not in its proper place.	Su reina de V. no está en su casilla.
Who begins?	¿Quién sale?
Let us draw lots.	Echemos suertes.
I have the first move.	Yo soy mano.
It is a great advantage.	Es una gran ventaja.
I will move this man.	Adelantaré esta pieza.
Your pieces are well supported.	Sus piezas de V. están bien apoyadas.
I am afraid I must exchange pieces.	Temo que tendré que cambiar de piezas.
I have lost a knight.	He perdido un caballo.
I must castle.	Tengo que enrocar.
You cannot castle after having moved your king.	V. no puede enrocar después de haber movido el rey.
Check to the king.	Jaque al rey.
I will cover this check with my castle.	Cubriré este jaque con la torre.
I take it.	La tomo.

I cannot win.	No puedo ganar.
It is a drawn game.	Son tablas.
I was in hopes you would have given me checkmate.	Esperaba que V. me diese mate (jaquemate).
I cannot play with you.	No puedo jugar con V.
What odds will you give me?	¿Qué ventaja me da V.?
If you will give me a castle, I will try another game.	Si V. quiere darme una torre, probaré otra partida.
It is more than I ought to give, but I will do it with pleasure.	Es más de lo que debo darle, pero lo haré con gusto.

On the Spanish Language. — *Sobre la Lengua Española.*

Do you speak Spanish?	¿Habla V. español?
I speak it a little.	Lo hablo un poco.
I speak it just enough to make myself understood.	Lo hablo bastante para hacerme entender.
He speaks Spanish fairly well.	Habla español bastante bien.
Speak Spanish to me.	Hábleme V. en español.
You pronounce it well.	V. lo pronuncia bien.
What book are you translating?	¿Qué libro traduce V.?
I have translated P.'s Fables.	He traducido las Fábulas de P.
Now I am translating the extracts in Hossfeld's Spanish Composition and Idioms.	Ahora estoy traduciendo los extractos en el libro de Composición y Modismos Españoles de Hossfeld.
I afterwards compare my work with the translation in the key.	Después comparo mi trabajo con la traducción dada en la clave.
In order to know a language thoroughly, grammar is absolutely necessary.	Para saber a fondo una lengua, la gramática es absolutamente necesaria.
In order to speak a language well, you must learn phraseology.	Para hablar bien una lengua, es preciso aprender la fraseología.
One may be able to read and write a language and yet be unable to speak it.	Se puede leer y escribir una lengua sin poder hablarla.

In Spanish the written language does not differ much from the spoken language.	En español la lengua escrita no difiere mucho de la lengua hablada.
What grammar do you use?	¿Qué gramática usa V.?
I am using Hossfeld's Grammar, and I find it invaluable, especially for commercial purposes.	Estoy estudiando la Gramática de Hossfeld y la encuentro excelente, especialmente para fines comerciales.
How long have you been learning Spanish?	¿Cuánto tiempo hace que aprende V. el español?
About ten months.	Unos diez meses.
You have made a great deal of progress.	V. ha hecho mucho progreso.
I would advise you to continue to apply yourself to it.	Le aconsejo a V. que continúe aplicándose.
Spanish is a very important language; it is spoken not only in Spain, but also in parts of Africa, in Mexico, Central and South America, the West Indies, and in the Philippine Islands.	El español es una lengua muy importante; se habla no sólo en España, sino también en partes de Africa, en Méjico, Centro y Sud América, las Indias Occidentales, y en las Islas Filipinas.
English and Spanish are two of the most useful languages that one can learn.	El inglés y el español son dos de las lenguas más útiles que se pueden aprender.
English is a language of great commercial value.	El inglés es una lengua de gran valor comercial.
I learnt Spanish at school; I took many lessons in classes and privately; I know my grammar pretty well, and understand nearly everything I read, but cannot say two words in an intelligible manner. What ought I to do?	Aprendí el español en la escuela; tomé muchas lecciones en clase y privadamente; sé bastante bien la gramática, y comprendo casi todo lo que leo, pero no puedo decir dos palabras de una manera inteligible. ¿Qué debo hacer?
Hear Spanish spoken; have a master who speaks to you in Spanish—very slowly at first, and then more quickly,—on subjects which are familiar to you.	Oír hablar español; tener un profesor que le hable en español—muy lentamente al principio, y después más de prisa,—sobre asuntos que le sean a V. familiares.

Is it then more useful to listen, and to try to understand what is said in a language, than to try to speak it one's self?	¿Es, pues, más útil oír y tratar de comprender lo que se dice en una lengua, que tratar de hablarla por sí mismo?
Both are useful and necessary.	Las dos cosas son útiles y necesarias.
Read aloud as much as you can.	Lea V. en alta voz cuanto pueda.

Hiring Apartments.	*Alquilar Cuartos.*
Can you tell me if there are any apartments to be had in this street?	¿Puede V. decirme si hay cuartos desalquilados en esta calle?
Yes, Sir, there are several, in this street and in the adjoining ones.	Si, Señor, hay varios, en esta calle y en las contiguas.
I have seen from your advertisement in the newspaper that you have some rooms to let. Can I see them?	He visto por su anuncio en el periódico que tiene V. cuartos que alquilar. ¿Puedo verlos?
Certainly, Sir.	Seguramente, Señor.
On which floor are they?	¿En qué piso están?
I have a sitting-room and a bedroom on the first floor, and a bedroom on the second.	Tengo en el primer piso una sala y un dormitorio (una alcoba), y en el segundo un dormitorio.
These two rooms will suit you, I hope.	Estos dos cuartos espero que le convendrán a V.
They are well furnished and decorated.	Están bien amueblados y decorados.
How much do you want for these rooms?	¿Cuánto pide V. por estos cuartos?
Fifteen pesetas a week, including attendance.	Quince pesetas por semana, incluso el servicio.
Could I have my meals here? I should want breakfast, and sometimes dinner too.	¿Podría comer aquí? Necesitaría tomar el almuerzo y a veces la comida también.
Yes, Sir, I shall be happy to supply the meals you require, and have no doubt you will be satisfied with our table.	Si, Señor, tendré mucho gusto en servirle las comidas que necesite, y no dudo que estará V. contento con nuestra mesa.
How much do you charge for breakfast and dinner?	¿Cuánto pide V. por el almuerzo y la comida?

Two pesetas for breakfast, and three for dinner.	Dos pesetas por el almuerzo, y tres por la comida.
Shall I have to pay any extras?	¿Tendré algo que pagar aparte?
No, Sir, none except the gas, which is half a peseta a week.	No, Señor, nada excepto el gas, que cuesta medía peseta por semana.
I suppose you require some references.	Supongo que necesita V. referencias.
Yes, Sir, it is usual with us to require and to give references.	Si, Señor, es nuestra costumbre pedir y dar referencias.
Very good, Madam; here are my references; can I come in to-morrow?	Muy bien, Señora; aquí tiene V. mis referencias; ¿podré entrar mañana?
Certainly, Sir; I shall have everything ready for you.	Ciertamente, Señor; tendré todo preparado para V.
Very well, here is my rent for the first month. My name is...	Muy bien, aquí tiene V. el alquiler para el primer mes. Me llamo...
I thank you very much, Sir; I shall see you to-morrow.	Muchas gracias; hasta mañana.

Engaging a Man-servant.	***Ajustar un Criado.***
Sir, I have heard you want a servant.	Señor, se me ha dicho que necesita V. un criado.
Yes, who sent you to me?	Sí, ¿quién le mandó a V. aquí?
By whom are you recommended?	¿Por quién viene V. recomendado?
By Mr. B., with whom I have travelled.	Por el señor B., con quien he viajado.
I know him very well.	Le conozco muy bien.
On his recommendation I shall not hesitate to engage you.	Con su recomendación, no tengo inconveniente en tomarle a V. a mi servicio.
I suppose you possess the qualifications I want.	Supongo que V. tiene las calidades necesarias.
I shall stay in this town a fortnight longer.	Me quedaré en esta ciudad quince días más.
Where have you travelled?	¿Dónde ha viajado V.?
I have travelled in Germany and Italy.	He viajado en Alemania e Italia.
Will you accompany me to Switzerland?	¿Quiere V. acompañarme a Suiza?
Have you performed that journey before?	¿Ha hecho V. ese viaje antes?

Sir, I am a Swiss.	Señor, soy Suizo.
How old are you?	¿Cuántos años tiene V.?
Are you a married man?	¿Es V. casado?
Have you been long in Germany?	¿Ha estado V. mucho tiempo en Alemania?
Have you travelled much in France?	¿Ha viajado V. mucho en Francia?
Can you ride a horse?	¿Sabe V. montar a caballo?
Can you write?	¿Sabe V. escribir?
Yes, Sir.	Sí, Señor.
What languages do you know?	¿Qué lenguas sabe (posee) V.?
I understand German and Italian.	Entiendo el alemán y el italiano.
I likewise know the coins, weights and measures of the countries in which I have travelled.	Conozco también las monedas, pesos y medidas de los países en que he viajado.
You may be very useful to me.	V. puede serme muy útil.
What wages do you ask?	¿Qué salario pide V.?
I have always had £20 a year and my board.	He tenido siempre veinte libras al año y la comida.
I will give you the same.	Le daré lo mismo.
I will give you £3 a month, without board.	Le daré tres libras al mes, sin comida.
When we travel, I will pay your expenses.	Cuando viejemos, yo pagaré sus gastos.
You must give me every evening an exact account of everything you have laid out for me.	Me dará V. todas las noches cuenta exacta de todo lo que haya gastado por cuenta mía.
I will pay you immediately.	Le pagaré a V. en seguida.
I will call on your former master.	Voy a ver a su último amo.

Engaging a Maid-servant. / *Ajustar una Criada.*

Have you been long in service?	¿Hace mucho que sirve V.?
What was the last place you were at?	¿Cuál ha sido su último empleo?
Do you understand cooking?	¿Entiende V. de cocina?
Are you acquainted with the management of a house?	¿Entiende V. del manejo de una casa?
How old are you?	¿Cuantos años tiene V.?

You seem very young.	Parece V. muy joven.
I am twenty-two.	Tengo veintidós.
Do you understand needlework?	¿Entiende V. de costura?
Are you a good needlewoman?	¿Es V. buena costurera?
Can you wash fine linen?	¿Sabe V. lavar ropa fina?
Could you occasionally replace my housemaid?	¿Podría V. reemplazar de cuando en cuando a mi criada de mano?
Have you been in many families?	¿Ha servido V. en muchas casas?
Whose house have you just left?	¿Cuál es la casa que V. acaba de dejar?
Why did you leave your place?	¿Por qué dejó V. su empleo?
How long did you remain with her?	¿Cuánto tiempo estuvo V. con ella?
Will Mrs. L. give you a character?	¿Le dará a V. la señora L. una recomendación (un testimonio)?
I have a written character from Mrs. L.	Tengo una recomendación por escrito de la señora L.
Let me see it; I know her handwriting.	Déjeme V. verla; conozco su letra.
Do you like children?	¿Le gustan a V. los niños?
What wages do you expect?	¿Qué salario pide V.?
Mrs. L. gave me fifty pesetas a month.	La señora L. me daba cincuenta pesetas al mes.
It is a great deal.	Es mucho.
But I think you will suit me.	Pero creo que V. me convendrá.
I engage you from this moment.	Le tomo a V. desde ahora mismo.
You may come to-morrow.	Podrá V. venir mañana.

At the Hotel.	***En el Hotel.***
We require two rooms with good beds.	Necesitamos dos cuartos con buenas camas.
Very well, Sir; will you have the kindness to follow me?	Muy bien, Señor; ¿quiere V. tener la bondad de seguirme?
On which floor have you rooms disengaged?	¿En qué piso tiene V. cuartos desocupados?
There are some on the second, consisting of a drawing and a bedroom.	Hay algunos en el segundo, que consisten en una sala y un dormitorio.
I have two splendid rooms on the third floor.	Tengo dos cuartos magníficos en el tercer piso.

Is there a lift?	¿Hay ascensor?
Waiter, have a room with a good bed got ready for me.	Mozo, prepáreme V. un cuarto con una buena cama.
See that the bed is well aired.	Vea V. que la cama esté bien aireada.
Be careful that they put clean sheets on.	Cuidado que se pongan sábanas limpias.
The sheets are damp, I want some others.	Las sábanas están húmedas, quiero otras.
I should also like another blanket.	Quisiera también otra manta.
I don't mind much what sort of room I have, but I want a good bed, and to be able to sleep quietly.	Poco me importa el cuarto que se me dé, con tal que tenga buena cama y pueda dormir tranquilamente.
Have a drawing and a bedroom with two beds made ready for us; have a fire lighted, too, as quickly as possible.	Prepárenos una sala y un dormitorio con dos camas; enciéndanos también un fuego tan pronto como posible.
I shall take a warm bath afterwards. Where is the bath-room?	Tomaré después un baño caliente. ¿Dónde está el cuarto de baño?
On the same floor as your room.	En el mismo piso que su cuarto de V.
Please have a cold bath made ready at once.	Mande V. preparar en seguida un baño frío.
Let my luggage be brought up, and don't forget the towels.	Haga V. subir mi equipaje, y no olvide las toallas.
We want dinner at six o'clock.	Queremos comer a las seis.
Will you dine at table d'hôte at seven, Sir?	¿Quiere V. comer en la mesa redonda a las siete?
No, I shall dine with some friends in town and return late.	No, comeré con algunos amigos en la cuidad y volveré tarde.
It is very warm in this country. Have you any cooling drinks?	Hace mucho calor en este país. ¿Tiene V. algunos refrescos?
Please reserve us two good seats at table d'hôte.	Sírvase V. reservarnos dos buenos asientos en la mesa redonda.
There is a bell at the side of the chimney-piece.	Hay campanilla al lado de la chimenea.
Is there no electric bell?	¿No hay timbre eléctrico?
No, Sir, but we have electric light in all the rooms.	No, Señor, pero tenemos luz eléctrica en todos los cuartos.

I notice that there is neither soap nor fresh water.	Veo que no hay ni jabón ni agua fresca.
The servant will put everything in order directly.	La criada pondrá todo en orden inmediatamente.
Please let me have my bill.	Hágame V. el favor de la cuenta.
Here is your account, Sir.	Aquí tiene V. su cuenta, Señor.
Very well, please receipt it.	Muy bien, sírvase V. poner el recibí.
Waiter here is something for you.	Mozo, aquí tiene V. para sí.

The Money-changer.	***El Cambista.***
Where could I get my money changed?	¿Donde podría cambiar mi dinero?
Where is the nearest money-changer's?	¿Donde está la casa de cambio más próxima?
Is there a money-changer's close by?	¿Hay algún cambista cerca de aquí?
I wish to change some English money.	Quiero cambiar algún dinero inglés.
What do you give for a sovereign?	¿A cómo paga V. la libra esterlina?
Can you change me a five-pound note?	¿Puede V. cambiarme un billete de banco de cinco libras?
What is the rate of exchange to-day?	¿A qué tipo está hoy el cambio?
I will take half in silver.	Tomaré la mitad en plata.
I should like a peseta's worth of coppers.	Quisiera una peseta en calderilla.
Could you cash me this cheque on London?	¿Podría V. hacerme efectivo este cheque sobre Londres?

The Theatre.	***El Teatro.***
Is there a good theatre (music-hall, picture-house) here?	¿Hay en ésta un buen teatro (teatro de variedades, cine)?
Which is the best theatre?	¿Cual es el mejor teatro?
Is there a performance to-night?	¿Hay función esta noche?
What are they playing?	¿Qué representan?
What time does the performance begin?	¿A qué hora principia (es) la función?
What time is the performance over?	¿A qué hora acaba (termina) la función?
Is there a good orchestra?	¿Hay buena orquesta?

What are the prices?	¿Cuáles son los precios (de las localidades)?
The boxes, the stalls, the circle, the gallery (the gods).	Los palcos, las butacas, el anfiteatro, la galería (el paraíso).
What time does the box-office open?	¿A qué hora se abre la taquilla?
A ticket, a pass, a pass-out check.	Un billete, un billete de favor, una contraseña.
Let me have a programme, please, and the book of words.	Hágame V. el favor de un programa, y el libreto.
Can I hire a pair of opera glasses?	¿Puedo alquilar unos gemelos?
The interval.	El entreacto.
The curtain.	El telón.

The Seasons.	***Las Estaciones.***
Winter is over at last.	Al fin se acabó el invierno.
Do you like winter?	¿Le gusta a V. el invierno?
I like it as much as summer.	Me gusta tanto como el verano.
You are perhaps the only one of that opinion.	V. será tal vez el único de esa opinión.
In winter one is not comfortable except by the fireside.	En invierno no se está bien sino al lado del fuego.
Can you skate?	¿Sabe V. patinar?
Yes, a little.	Sí, un poco.
Have you skated this winter?	¿Ha patinado V. este invierno?
The winter has been very severe this year.	El invierno ha sido muy riguroso este año.
I am glad to see the spring.	Me alegro de ver la primavera.
It is the season I like best.	Es la estación que me gusta más.
It is the most pleasant of all seasons.	Es la más agradable de todas las estaciones.
The season is very backward.	La estación está muy atrasada.
I fear we shall have a very hot summer.	Temo que tendremos un verano muy caluroso.
One would think that the order of the seasons had been reversed.	Se diría que las estaciones están todas trastornadas.
Summer is the season of the harvest.	El verano es la estación de la cosecha.

Summer is over.	Ya pasó el verano.
After summer comes the autumn.	Después del verano viene el otoño.
Autumn is the season of vintages.	El otoño es la estación de las vendimias.
Towards the middle of autumn the mornings and evenings are cool.	Hacia mediados del otoño las mañanas y las tardes son frescas.
Which season do you like best, Sir?	¿Cuál estación le gusta a V. más, Señor?
Unquestionably, I like the spring best.	Sin duda alguna, me gusta más la primavera.
Is it as hot in England as in Spain in the summer?	¿Hace tanto calor en Inglaterra como en España en el verano?
Never. It is not too warm in summer nor too cold in winter.	Nunca. No hace demasiado calor en el verano ni demasiado frío en el invierno.
The winter in the north of Spain is almost as cold as in England.	En el norte de España el invierno es casi tan frío como en Inglaterra.
No doubt, but for my part I should prefer the winter of Northern Spain to that of England, especially London, as it is very foggy there.	Sin duda, pero por mi parte preferiría el invierno del norte de España al de Inglaterra, especialmente al de Londres, pues allí hace mucha niebla.
You are right; it must be mentioned, however, that the fog is not so much due to the climate of that country as to the immense quantities of coal consumed daily in the dwellings and numerous manufactories.	V. tiene razón; se debe mencionar, sin embargo, que la niebla no se debe tanto al clima de aquel país como al enorme consumo de carbón que tiene lugar todos los días en las casas particulares y en las muchas fábricas.
I have read that as soon as a means of consuming the smoke is invented, London will have a very agreeable climate.	He leído que tan pronto como se haya inventado un modo de consumir el humo, Londres tendrá un clima muy agradable.
Let us hope that this will soon be the case.	Esperemos que sea pronto.

The Weather.	***El Tiempo.***
How is the weather?	¿Cómo está el tiempo?
What sort of weather is it?	¿Qué tiempo hace?
Is it fine?	¿Hace buen tiempo?
Yes, it is fine.	Sí, hace buen tiempo,

It is beautiful weather.	Hace un tiempo hermoso.
It is charming weather.	Hace un tiempo magnífico.
It is most delightful weather.	Hace un tiempo delicioso.
The weather is settled.	El tiempo se ha com puesto.
The weather is unsettled (changeable).	El tiempo está variable (inconstante, inseguro, tornadizo).
The weather is very close.	El tiempo está muv pesado (bochornoso).
It is getting cloudy.	El cielo se encapota.
It is cloudy.	Está nublado.
It is bad weather.	Hace mal tiempo.
It is very bad weather.	Hace muy mal tiempo.
It is windy.	Hace viento.
It is very windy.	Hace mucho viento.
The wind drops.	Cede el viento.
It is foggy.	Hace niebla.
It is very foggy.	Hace mucha niebla.
It is mild.	Está templado.
It is cool.	Hace fresco.
It is warm.	Hace calor.
It is cold.	Hace frío.
It is very-hot.	Hace mucho calor.
It is very cold	Hace mucho frío.
It is piercingly cold.	Hace un frío penetrante.
It is dry.	Está seco.
It is damp.	Está húmedo.
It is going to rain.	Va a llover.
I feel drops of rain.	Siento gotas de lluvia.
It rains. It is raining.	Llueve. Está lloviendo.
It rains (is raining) very fast (very hard).	Llueve muy fuerte.
It pours. It is pouring.	Llueve a cántaros.
It is only a shower.	No es más que un chubasco.
It does not rain. It is not raining.	No llueve.
The weather is stormy.	El tiempo está tempestuoso (borrascoso).

We shall have a storm.	Tendremos tempestad.
Do you hear the thunder?	¿Oye V. los truenos?
It thunders. It is thundering.	Truena. Está tronando.
The thunder roars.	Suenan los truenos.
It lightens. It is lightening.	Relampaguea. Está relampagueando.
It has thundered and lightened all night.	Ha tronado y relampagueado toda la noche.
The weather is clearing up.	El tiempo se está aclarando.
It freezes. It is freezing. It freezes (is freezing) very hard.	Hiela. Hiela muy fuerte.
The river is frozen.	El río está helado.
We shall have snow.	Tendremos nieve.
There is much snow.	Hay mucha nieve.
It hails. It is hailing.	Graniza. Está granizando.
It thaws. It is thawing.	Deshiela, Está deshelando.
It is dusty.	Hace polvo.
It is very dusty.	Hace mucho polvo.
It snows. It is snowing.	Nieva. Está nevando.
I am very glad of it.	Me alegro de ello.
We shall go sleighing.	Iremos a pasear en trineo.
Have you a sleigh.	¿Tiene V. trineo?
It is good sleighing to-day.	Hoy es buen día para pasear en trineo.
The rain has laid the dust.	La lluvia ha abatido el polvo.
The pavement is slippery.	La acera está resbaladiza.
It is very bad walking.	Se anda con dificultad.
It is daylight.	Es de día.
It is night.	Es de noche.
It is dark.	Está oscuro.
It is very dark.	Está muy oscuro.
It is moonlight.	Hace luna.
It is starlight.	Está estrellado.
The days are drawing in.	Los días disminuyen.
The days begin to get shorter.	Los días principian a disminuir.
The days are very short.	Los días son muy cortos.
The days are lengthening.	Los días aumentan.

I am warm.	Tengo calor.
I am cold.	Tengo frío.
It is very cold.	Hace mucho frío.
Are you warm?	¿Tiene V. calor?
Are you cold?	¿Tiene V. frío?
Are you not warm?	¿No tiene V. calor?
Are you not cold?	¿No tiene V. frío?
I am quite wet.	Estoy calado.
I am wet through.	Estoy calado hasta los huesos.
Dry your clothes.	Seque V. su ropa.
We shall have a fine day.	Tendremos buen día.
The sun shines.	Hace sol.
Look at that beautiful rainbow!	¡Vea V. ese hermoso arco iris!
What is the weather like to-day?	¿Qué tiempo hace hoy?
It is clear.	Está claro.
It is very nice to-day.	Está muy bueno hoy.
What do you think of a walk in the fields, the weather being so fine?	Como hace tan buen tiempo, ¿qué piensa V. de un paseo en los campos?
It seems to me rather uncertain.	El tiempo me parece un poco incierto (inseguro).
What sort of weather had you in London yesterday when you left there?	¿Qué tal estaba el tiempo ayer en Londres cuando salió V. de allá?
It was very foggy, as is usual during this month.	Hacía mucha niebla, como de ordinario en este mes.
Is it true that in England the sun is invisible during a quarter of the year?	¿Es verdad que en Inglaterra no se ve el sol durante la cuarta parte del año?
It is not so bad as that, but there are days, especially in November and February, when we cannot see the sun, nor even the lamps in the streets for the fog.	No es tan malo como eso, pero hay días, especialmente en noviembre y febrero, en que, con la niebla, no podemos ver el sol, ni tampoco los mismos faroles de las calles.
Is it possible?	¿Es posible?
I hope we shall not have bad weather to-morrow.	Espero que no tendremos mal tiempo mañana.
It rained the whole day when we went into the country.	Llovía todo el día que fuimos al campo.
It does not rain now, let us hurry back.	Ya no llueve, volvamos de prisa.

Has much snow fallen?	¿Ha caído mucha nieve?
Yes, the roads are covered with snow.	Sí, los caminos están cubiertos de nieve.
Snow has been falling during the whole night.	Ha nevado toda la noche.
There was no snow at all last winter.	El invierno pasado no cayó ninguna nieve.
Did you hear the thunder last night?	¿Oyó V. anoche los truenos?
Yes, it was a terrible storm, and it rained in torrents.	Sí, era una tempestad terrible, y llovía a mares.
Do you think the river will soon freeze over?	¿Cree V. que el río se helará pronto?
I have no doubt that we shall be able to skate to-morrow if this frost lasts.	No dudo que podremos patinar mañana si continúa esta helada.
Oh, yes, if it does not thaw meanwhile.	Ah, sí, si entretanto no deshiela.

Periods of Time.	***Períodos de Tiempo.***
Come to-day.	Venga V. hoy.
Go there on Christmas-day.	Vaya V. allá el día de Navidad.
It is broad day-light.	Está muy entrado el día.
The day you are coming.	El día que V. venga.
To-day will be fine.	Hará buen tiempo hoy.
I rise in the morning at six o'clock.	Me levanto a las seis de la mañana.
Send it to me this morning.	Envíemelo V. esta mañana.
Come and spend the evening at my house.	Venga V. a pasar la tarde en mi casa.
I did it in the fore-noon.	Lo hice antes de mediodía.
I will do it to-morrow morning.	Lo haré mañana por la mañana.
I shall see you this afternoon.	Le veré a V. esta tarde.
I shall go and see him the day after to-morrow.	Iré a verle pasado mañana.
I was there yesterday.	Estuve allí ayer.
He sent it to me two days after.	Me lo envió dos días después.
The next day I went there.	Fuí allá al día siguiente.
The next day I saw him.	Le ví el día siguiente.

Two days ago.	Hace dos días.
A fortnight ago.	Hace quince días.
It is three weeks since.	Ya hace tres semanas.
About that time.	Hacia aquel tiempo.
Last month.	El mes pasado.
Next month.	El mes que viene.
Last year.	El año pasado.
Next year.	El año próximo. El año que viene.
The year one thousand nine hundred and fifteen.	El año mil novecientos quince.
I shall see you at Easter.	Le veré a V. por Pascua.
I shall move at mid-summer.	Mudaré de casa el día de San Juan.
At Michaelmas.	El día de San Miguel.
The quarter is ended.	Ha terminado el trimestre.
The next quarter.	El próximo trimestre.
The first of next month.	El primero del mes que viene.
The second of last month.	El dos del mes pasado.
The fourth of the present month.	El cuatro del mes actual.
The last day of the month.	El último día del mes.
At the end of the month.	Al fin del mes.
At the end of the week.	Al fin de la semana.
Towards the middle of the month.	Hacia mediados del mes.
Last week.	La semana pasada.
Next week.	La semana que viene.
In a week.	En una semana.
In a fortnight.	En quince días.
This day week (time to come).	De hoy en ocho.
This day fortnight (time to come).	De hoy en quince.
This day week (time past).	Hace una semana. Hace ocho días.
This day fortnight (time past).	Hace una quincena. Hace quince días.
It will soon be a week since...	Hará pronto una semana que...
We shall go there some day.	Iremos allá algún día.
One of these days.	Un día de estos.
He says he will pay you some day or other.	Dice que le pagará a V. algún día.

I do it daily.	Lo hago todos los días.
Every day.	Todos los días. Cada día.
Every other day.	Cada tercer día. Un día sí y otro no.
A weekly paper.	Un semanal.
A daily paper.	Un diario.

Time and Dates. / *Horas y Fechas.*

Do you know what time it is?	¿Sabe V. qué hora es?
What time is it?	¿Qué hora es?
I do not know.	No sé. No lo sé.
Could you tell me the time?	¿Podría V. decirme la hora que es?
I cannot tell you exactly.	No puedo decírselo exactamente.
Yes, Sir; it is half-past six.	Sí, Señor; son las seis y media.
Will you kindly tell me the time?	¿Tiene V. la bondad de decirme qué hora es?
What is the time by your watch?	¿Qué hora es por su reloj de V.? ¿Qué hora tiene V.?
It is one o'clock.	Es la una.
It is nearly two o'clock.	Son cerca de las dos.
It is about two o'clock.	Son las dos próximamente.
It is half-past two.	Son las dos y media.
It is on the stroke of three.	Van a dar las tres. Las tres están al caer.
It is ten minutes past five.	Son las cinco y diez.
It is a quarter past seven.	Son las siete y cuarto.
It is twenty minutes past eight.	Son las ocho y veinte.
It is a quarter to eleven.	Son las once menos cuarto.
It has just struck twelve.	Acaban de dar las doce.
It is noon.	Es mediodía.
It is midnight.	Es medianoche.
It is early.	Es temprano.
It is late.	Es tarde.
It is very late.	Es muy tarde.
Come about nine o'clock.	Venga V. a eso de las nueve.
Is your watch right?	¿Va bien su reloj de V.?

My watch is right.	Mi reloj va bien.
My watch is not right.	Mi reloj no va bien.
My watch is too fast.	Mi reloj adelanta.
My watch is too slow.	Mi reloj atrasa.
It gains a quarter of an hour every day.	Adelanta un cuarto de hora todos los días.
It loses half-an-hour every day.	Atrasa media hora todos los días.
It has stopped.	Se ha parado.
It stops now and then.	Se para de cuando en cuando.
It does not go.	No anda.
Look at your watch.	Mire V. su reloj.
It is not wound up.	No tiene cuerda.
I forgot to wind it up.	He olvidado darle cuerda.
It is out of order.	Está desarreglado (descompuesto).
Something is broken in it.	Se le ha roto algo.
The mainspring is broken.	Se ha roto el muelle real.
I think the chain is broken.	Creo que se ha roto la cadena.
Have it mended.	Mándelo V. componer.
I am going to send it to the watch-maker.	Voy a mandarlo al relojero.
Send it to...	Mándelo a...
He is a good watch-maker.	Es buen relojero.
Yes, but he charges too much.	Sí, pero cobra demasiado.
It is true, but you can rely on what he does.	Es verdad, pero se puede fiar en lo que hace.
I bought this watch in Switzerland.	Compré este reloj en Suiza.
Tell me the time the train for... is going to start.	Dígame V. a qué hora saldrá el tren para...
It will start at half-past one.	Saldrá a la una y media.
I must leave at three o'clock in the afternoon.	Tendré que marcharme a las tres de la tarde.
My friend will arrive by the Northern Railway at four o'clock to-morrow morning.	Mi amigo llegará por el ferrocarril del Norte mañana por la mañana a las cuatro.
What is the date of the letter you have in your hand?	¿Cuál es la fecha de (¿De qué fecha es) la carta que tiene V. en la mano?

How is the letter dated which you have received from your brother in...?	¿Qué fecha tiene la carta que ha recibido V. de su hermano en...?
His letter bears the date fifth of January, 1915.	Su carta tiene la fecha de 5 de enero de 1915.
What is the date to-day?	¿A cuántos estamos hoy?
What day of the month is it?	¿A cuántos estamos del mes?
What day of the month is this?	¿A cuántos del mes estamos hoy?
It is the fifteenth of March.	Estamos a quince de marzo.
To-day is the sixteenth.	Hoy estamos a dieciseis.
To-day is the nineteenth of February.	Hoy es día diecinueve de febrero.
Is it the first of the month?	¿Es el primero del mes?
No, it is the second.	No, es el dos.
I think it is the fifth.	Creo que estamos a cinco.
When will the races take place—in the morning or in the evening?	¿Cuándo tendrán lugar las carreras—por la mañana o por la tarde?
At noon.	A mediodía.
When do you expect to return from your journey?	¿Cuando espera V. volver de su viaje?
I shall return by the steamer "Queen" which is due on the first of April.	Volveré por el vapor "Reina," que deberá llegar el primero de abril.

News.	*Noticias.*
Is there any news to-day?	¿Hay noticias hoy?
Is there anything new?	¿Hay algo de nuevo?
Do you know anything new?	¿Sabe V. algo de nuevo?
What is the news?	¿Qué hay de nuevo?
What news is there?	¿Qué noticias hay?
What news do you bring us?	¿Que noticias nos trae V.?
Have you not got anything fresh to tell us?	¿No tiene V. nada de nuevo que decirnos?
Have you not heard of anything new?	¿No ha oído V. nada de nuevo?
What do they talk about in the town?	¿Qué se dice en la ciudad?
What is the news in your neighbourhood?	¿Qué se dice en su localidad de V.?
I know nothing new.	No sé nada de nuevo.

There is nothing new.	No hay nada de nuevo.
There is no news.	No hay noticias.
I have not heard of anything.	No he oído nada.
There is nothing fresh talked about.	No se dice nada de nuevo.
There is good news.	Hay buenas noticias.
The news is good.	La noticias son buenas.
There is bad news.	Hay malas noticias.
The news is very bad.	Las noticias son muy malas.
This is good news.	Esta noticia es buena.
This is bad news.	Esta noticia es mala.
I have heard that...	He oído decir que...
I did not hear of that.	No he oído hablar de eso.
Did you read the papers?	¿Ha leído V. los periódicos?
What do the papers say?	¿Qué dicen los periódicos?
I have not read the papers to-day.	No he leído los periódicos hoy.
Did you see that in any paper?	¿Ha visto V. eso en algún periódico?
It is only mentioned in a private letter.	Se hace mención de ello sólamente en una carta particular.
Do they say who received the letter?	¿Se dice quién recibió la carta?
This news wants confirmation.	Esta noticia necesita confirmación.
From whom have you had that news?	¿De quién tiene V. esa noticia?
How do you know that?	¿Cómo sabe V. eso?
I have it on good authority.	Lo sé de buena tinta.
That news has not been confirmed.	Esa noticia no se ha confirmado.
That report has proved false.	Ese rumor resulta ser falso.
That is no longer talked of.	Ya no se habla más de eso.
Do they still talk of war?	Se habla todavía de guerra?
Do they think we shall have peace?	¿Se cree que tendremos paz?
It is not likely.	No es probable.
Have you heard from your brother?	¿Ha recibido V. noticias de su hermano?
Have you heard lately from your friend?	¿Ha recibido V. últimamente noticias de su amigo?
Is it long since he wrote to you?	¿Hace mucho (tiempo) que no le escribe a V.?
I have not heard from him for two months.	Hace dos meses que no tengo noticias de él.

He has not written for these three weeks.	Hace tres semanas que no me escribe.
I expect to hear from him.	Espero noticias de él.
What does he say to you about Madrid?	¿Que le dice a V. de Madrid?
He gives me a description of most of the curiosities of that city.	Me da una descripción de la mayor parte de las curiosidades de esa ciudad.
Is he pleased with Madrid?	¿Le gusta Madrid?
He is enjoying himself self so much there that he does not speak of returning.	Tanto se divierte allí que no dice nada de volver.

Age.	*Edad.*
How old are you?	¿Cuántos años tiene V.?
What is your age?	¿Qué edad tiene V.?
What may be his age?	¿Qué edad tendrá él?
How old may he be?	¿Cuántos años tendrá él?
He will be twelve the fifteenth of next month.	Tendrá doce años el quince del mes que viene.
I shall soon be ten.	Tendrá pronto diez años.
I am twenty-five.	Tengo veinticinco años.
How old is your father?	¿Cuántos años tiene su padre de V.?
What is your brother's age?	¿Qué edad tiene su hermano de V.?
How old is your brother?	¿Cuántos años tiene su hermano de V.?
He is not yet twenty.	No ha cumplido todavía los veinte.
He is not yet of age.	No es todavía mayor de edad.
He is still under age.	Aun es menor.
How old may that child be?	¿Cuántos años tendrá ese niño?
He is only six years old.	Tiene sólamente seis años.
He is tall for his age.	Es alto para su edad.
How old is your sister?	¿Cuantos años tiene su hermana de V.?
She is more than seven.	Tiene más de siete años.
She is almost eight.	Tiene casi ocho años.
She is twenty.	Tiene veinte años.
She is in the flower of her youth.	Está en la flor de su juventud.

Your uncle must be very nearly forty years old.	Se tío de V. debe de tener cerca de cuarenta años.
He is in his forty-second year.	Ha entrado en los cuarenta y dos años.
He is in the prime of life.	Está en la flor de la edad.
Your grandfather looks very aged.	Su abuelo de V. parece muy viejo.
How old do you think he is?	¿Cuántos años le parece a V. que tiene?
How old would you take him to be?	¿Cuántos años le echaría V.?
He cannot be more than eighty.	No puede tener más que ochenta años.
He is eighty-four.	Tiene ochenta y cuatro años.
He is older than I.	Tiene más años que yo.
I did not think him so old.	No le creía tan viejo.
He carries his age well.	No representa su edad.
Is your father still living?	¿Vive todavía su padre de V.?
He must be very old.	Debe ser muy viejo.
He is just entering his hundredth year.	Acaba de entrar en los cien años.
He has become quite childish.	Se ha vuelto niño.

Asking and Giving Advice.	***Pedir y Dar Consejo.***
What shall we do?	¿Qué haremos?
What must we do?	¿Qué debemos hacer?
What are we to do?	¿Qué hemos de hacer?
What remains for us to do?	¿Qué nos queda que hacer?
What is to be done?	¿Qué se ha de hacer?
We must decide something.	Tendremos que tomar alguna resolución.
I am quite puzzled.	Estoy muy perplejo.
I do not know what to do.	No sé qué hacer.
I am greatly embarrassed.	Estoy en el mayor embarazo.
We are very much perplexed.	Estamos muy perplejos.
If I were you.	Si fuera V. Yo que V.
If I were in your place.	Si estuviera en su lugar de V.
I advise you to...	Le aconsejo a V. que...
I am of opinion that you should go there.	Soy de opinión que V. debe ir allá.

If you will take my advice you will do it.	Si quiere V. seguir mi consejo, lo hará.
An idea strikes me.	Se me ocurre una idea.
I have been thinking of that.	He pensado en eso.
A thought has struck me.	Me ha ocurrido una idea.
Let me alone.	Déjeme V. en paz.
Let us do one thing.	Hagamos una cosa.
I have changed my mind.	He mudado de opinión.
Let us do something else.	Hagamos otra cosa.
We must go another way to work.	Tendremos que emprenderlo de otro modo.
What do you say about it?	¿Qué dice V. de ello? ¿Qué le parece a V.?
What do you think of it?	¿Qué piensa V. (opina V.) de ello?
I think as you do.	Opino como V.
It is very well thought out.	Está muy bien pensado.
It is very well imagined.	Está muy bien concebido.
It is a good idea.	Es buena idea.
It is a very good idea.	Es muy buena idea.
I am of your opinion.	Soy de la opinión de V.
It is the best way.	Es el mejor modo.
Would it not be better...?	¿No sería mejor...?
It is the best we can do.	Es lo mejor que podemos hacer.
It is the only thing we have to do.	Es la única cosa que nos queda que hacer.
That is the only course we can take.	Ese es el único partido que podemos tomar.

Affirming and Denying.	***Afirmar y Negar.***
I am going to tell you that...	Voy a decirle a V. que...
I assure you that...	Le aseguro a V. que...
That I assure you.	Eso se lo aseguro a V.
That I can assure you.	Eso se lo puedo asegurar a V.
You may rely upon what I tell you.	Puede V. fiarse en lo que le digo.
There is no doubt about it.	No cabe duda.

You are right.	Tiene V. razón.
You are quite right.	Está V. muy en lo cierto.
Yes. No.	Sí. No.
I say it is.	Digo que sí.
I say it is not.	Digo que no.
I maintain that it is so.	Sostengo que es así.
I maintain that it is not so.	Sostengo que no es así.
I suppose so.	Supongo que sí.
I suppose not.	Supongo que no.
I should say so.	Me parece que sí.
Certainly.	Cierto que sí.
Certainly not.	Cierto que no.
You may well think that...	Bien puede V. pensar que...
You may easily think that...	V. puede fácilmente creer que...
Do you think so?	¿Lo cree V.? ¿Lo cree V. así?
I think so.	Lo creo. Así lo creo.
I think so too.	Yo lo creo también.
I should think so!	¡Ya lo creo!
I think not.	Creo que no.
I do not think so.	No lo creo.
I should think not indeed!	¡Eso sí que no!
You must know that...	V. debe saber que...
I must tell you...	Debo decirle a V....
I am inclined to think...	Me inclino a creer...
I dare say it is so.	No dudo que será así.
What do you mean?	¿Qué quiere V. decir?
I do not know what you mean.	No sé lo que V. quiere decir.
Is it certain that...?	¿Es cierto que...?
Is it true that...?	¿Es verdad que...?
Yes, it is true.	Sí, es verdad.
It is quite true.	Es muy verdad.
It is positive.	Es positivo.
It is only too true.	Es demasiado cierto.
It is a fact.	Es un hecho.
It is an absolute fact.	Es un hecho positivo.

Are you sure of what you say?	¿Está V. seguro de lo que dice?
Would you believe that...?	¿Querrá V. creer que...?
I could believe it.	Podría creerlo.
Do you believe it?	¿Lo cree V.?
I believe it.	Lo creo.
I believe so too.	Yo lo creo también.
That I believe.	Eso lo creo yo.
Do not believe it.	No lo crea V.
I do not believe it.	No lo creo.
I do not believe a word of it.	No creo ni una palabra de ello.
I emphatically deny it.	Lo niego rotundamente.
No such thing.	No hay tal cosa.
Are you quite sure of it?	¿Está V. seguro de ello?
Nothing is more certain.	Nada hay más cierto.
I answer for it.	Respondo de ello.
I could not answer for it.	No podría responder de ello.
You may believe it.	Puede V. creerlo.
It cannot be true.	No puede ser verdad.
You are mistaken.	Se engaña V. Se equivoca V.
It is not true.	No es verdad.
It is a fib.	Es mentira (cuento, historia).
It is a pure invention.	Es pura invención.
There is nothing more untrue.	Nada hay más falso.
I affirm that....	Afirmo que...
I give you my word for it.	Doy a V. mi palabra.
Upon my honour.	Palabra de honor.
Upon my word of honour.	Bajo mi palabra de honor.
Is it really true?	¿Es eso verdad?
I can hardly believe it.	Apenas si puedo creerlo.
I heard it said.	Lo he oído decir.
Everybody says so.	Todo el mundo lo dice.
We must not always give credit to all we hear people say.	No se debe creer siempre todo lo se dice.

Expressions of Surprise.	*Expresiones de Sorpresa.*
What!	¡Cómo!
Truly!	¡En verdad!
Really!	¡De veras!
Is it possible!	¡Es posible!
Could it be possible!	¡Será posible!
Is it really possible!	¡Pero es posible!
How can that be!	¡Cómo puede ser eso!
How is that possible!	¡Cómo es posible eso!
That is impossible!	¡Eso es imposible!
It is not possible!	¡No es posible!
That cannot be!	¡Eso no puede ser!
I cannot think how...!	¡No puedo figurarme cómo...!
I am surprised!	¡Me extraño!
I am quite astonished!	¡Me extraño mucho!
That surprises me!	¡Eso me extraña!
You surprise me!	¡V. me sorprende!
You astonish me!	¡V. me asombra!
This is what surprises me!	¡Esto es lo que me sorprende!
That quite astonishes me!	¡Eso me sorprende mucho!
I wonder at it!	¡Me admiro de ello!
This is quite astonishing!	¡Esto es muy sorprendente!
It is incredible (inconceivable)!	¡Es increíble (inconcebible)!
It is a thing not to be conceived!	¡Es cosa que no se puede concebir!
That is unheard of!	¡Eso es inaudito!
It is a thing unheard of!	¡Es cosa inaudita!
It is strange!	¡Es extraño! ¡Es raro!
That is very strange!	¡Eso es muy extraño!
That is a strange sort of business indeed!	¡Es por cierto cosa bastante extraña!
How strange!	¡Qué raro!
What a strange (an extraordinary) thing!	¡Qué cosa más rara (tan extraordinaria)!

Expressions of Probability.	***Expresiones de Probabilidad.***
That is probable.	Eso es probable.
That is very likely.	Eso es muy verosímil.
It is likely enough.	Es bastante verosímil.
That is not unlikely.	Eso no es inverosímil.
That is hardly probable.	Eso no es muy probable.
That is not probable.	Eso no es probable.
That is very probable.	Eso es muy probable.
That is more than probable.	Eso es más que probable.
It is very possible.	Es muy posible.
There is nothing impossible in it.	Nada tiene de imposible.
That is not impossible.	Eso no es imposible.
I see nothing impossible in it.	No veo en ello nada de imposible.
Perhaps.	Tal vez.
Perhaps so.	Puede que sí.
That may be.	Eso puede ser.
That might be so.	Eso podría ser.
I do not wonder at it.	No me admiro de ello.
I am not surprised at it.	No me causa extrañeza.
That does not astonish me.	Eso no me asombra.
That does not surprise me.	Eso no me sorprende.
It is not astonishing.	No es asombroso.
It is not surprising.	No es sorprendente.
There is nothing surprising in it.	Nada hay de sorprendente en ello.
You do not surprise me.	V. no me sorprende.
I should not wonder at it.	No me causaría extrañeza.
That would not surprise me.	Eso no me sorprendería.
There would be nothing extraordinary about it.	Nada tendría de particular.
It is quite natural.	Es muy natural.
Of course.	Naturalmente. Por de contado.
No wonder.	No hay que extrañar.
It is a matter of course.	Es cosa natural. Es de cajón.
That is understood.	Eso se entiende.

Expressions of Sorrow.	*Expresiones de Sentimiento.*
I am sorry for it.	Lo siento.
I am very sorry for it.	Lo siento mucho.
I am extremely sorry for it.	Lo siento muchísimo (infinito).
How sorry I am for it!	¡Cuánto lo siento!
I am inconsolable.	Estoy inconsolable.
It makes me quite unhappy.	Me causa mucho pesar.
It vexes me beyond expression.	Me contraria más de lo podría decir.
It is a pity.	Es lástima.
It is a great pity.	Es una gran lástima.
It is a real pity.	Es una verdadera lástima.
What a pity!	¡Qué lástima!
It is a sad thing.	Es cosa triste.
It is a painful case.	Es un caso doloroso.
That is very vexing.	Eso es muy molesto.
That is very disagreeable.	Eso es muy desagradable.
It is very sad.	Es muy triste.
It is a cruel case.	Es un caso cruel.
That is very hard.	Eso es muy duro.
This is shocking.	Esto es espantoso.
That is very unfortunate.	Eso es muy desgraciado.
It is a great misfortune.	Es una gran desgracia.
It is very regrettable.	Es muy sensible.
It is dreadful.	Es horrible.
It is terrible.	Es terrible.

Expressions of Joy.	*Expresiones de Alegría.*
I am very pleased.	Estoy satisfechísimo (contentísimo).
I am very glad.	Me alegro mucho.
I am very happy.	Estoy muy contento.
I am delighted.	Estoy encantado.
I am extremely happy to hear it.	Me alegro mucho de saberlo.
They are very glad of it.	Se alegran mucho de ello.
We congratulate you on it.	Felicitamos a V. por ello.

Expressions of Blame.	*Expresiones de Censura.*
Shame!	¡Vergüenza!
Are you not ashamed?	¿No tiene V. vergüenza?
Are you not ashamed of yourself?	¿No se avergüenza V.?
You ought to be ashamed.	Debiera V. avergonzarse.
I am ashamed of you.	Tengo vergüenza de V.
What a shame!	¡Qué vergüenza!
It is shameful.	Es vergonzoso.
It is a shameful thing.	Es cosa vergonzosa.
It is very bad.	Es muy malo.
How naughty that is!	¡Qué feo es eso!
That is very wicked.	Eso es muy perverso.
It is abominable.	Es abominable.
How can you be so wicked?	¿Cómo puede V. ser tan malvado?
How could you do so?	¿Cómo ha podido V. hacer eso?
How came you to do so?	¿Cómo ha llegado V. a hacerlo?
You are very wicked.	V. es muy malo.
Why did you do that?	¿Por qué ha hecho V. eso?

Expressions of Anger.	*Expresiones de Cólera.*
I am very angry.	Estoy muy enfadado.
I am not in a good humour.	No estoy de buen humor.
He is very cross.	Está muy enojado.
I am cross with you.	Estoy enfadado con V.
I am offended.	Estoy ofendido.
I am exasperated.	Estoy exasperado.
I am beside myself.	Estoy fuera de mí.
You see me in a terrible passion.	V. me ve que estoy muy encolerizado.
It makes me quite mad.	Me pone furioso.
That is very wrong of you.	Eso está muy mal en V.
You are very much to blame.	V. tiene mucha culpa.
You are quite wrong.	V. está muy equivocado.
How did you dare to do so?	¿Cómo se ha atrevido V. a hacerlo?
I am not satisfied with you.	No estoy contento con V.

I am quite displeased with you.	Estoy muy descontento con V.
I shall be very angry.	Estaré muy enfadado.
Be quiet.	Estése V. quieto.
Will you soon have done?	¿Acabará V. pronto?
Can you not be quiet?	¿No puede V. estarse quieto?
I tell you beforehand that....	Le prevengo a V. que...
I warn you that....	Le advierto a V. que...
I warn you of it.	Se lo advierto a V.
Pay attention to what I say.	Atienda V. a lo que le digo.
Mind what I have told you.	Tenga V. presente lo que le he dicho.
I will not have that.	No quiero eso.
I will not suffer that.	No permitiré eso.
I will have it so.	Lo quiero así.
I insist upon it.	Insisto en ello.
Mind it does not happen again.	Cuidado que no pase otra vez.
Do not do so any more.	No vuelva V. a hacerlo más.
Don't be impertinent.	No sea V. impertinente.
Silence! hold your tongue.	¡Silencio! cállese V.
Will you hold your tongue?	¿Quiere V. callarse?
No arguing.	Nada de razones.
Don't answer.	No responda V.
Get out quickly.	Váyase V. pronto.
I will see you no more.	No quiero verle a V. más.
Your conduct is inexcusable.	Su conducta de V. es inexcusable.
This is not the first time you have annoyed me.	Esta no es la primera vez que V. me ha contrariado.

Expressions of Antipathy and Aversion. / *Expresiones de Antipatía y Aversión.*

I do not like that man.	No me gusta aquel hombre.
I detest that man.	Detesto a ese hombre.
I cannot bear him.	No puedo sufrirle.
His manners are repellent.	Sus modales son repugnantes.
He has not a pleasing countenance.	No tiene cara agradable.

His looks are not prepossessing.	Su semblante no es simpático.
There is something displeasing in his manners.	Hay algo de repugnante en sus modales.
I cannot restrain the aversion I feel for him.	No puedo reprimir la aversión que siento para él.
He has no notion of propriety.	No tiene idea de la delicadeza.
He has no regard for anybody.	No tiene respeto para nadie.
That makes him hated.	Eso le hace odioso.
He is hated by everybody.	Todo el mundo le aborrece.
I avoid him as much as I can.	Le huyo cuanto puedo.
He bores me much.	Me aburre mucho.
His language is offensive.	Su lenguaje es ofensivo.
He talks most extravagantly.	Habla con mucha extravagancia.
He likes to dictate to everyone.	Le gusta mandar a todo el mundo.
What an insupportable being!	¡Qué hombre tan insoportable!
What a tiresome person!	¡Qué sujeto tan molesto!
Shall we never be able to get rid of him?	¿No podremos deshacernos nunca de él?
I wish he would go.	Quisiera que se fuese.
At last he has gone.	Por fin se ha marchado.
I would rather have the word of an honest man than his oath.	Antes aceptaría la palabra de un hombre honrado que el juramento de ése.
The hatred of that man is less dangerous than you think.	El odio de ese hombre es menos peligroso de lo que V. piensa.

Expressions of Sympathy and Friendship.	***Expresiones de Simpatía y Amistad.***
He is my friend.	Es mi amigo.
He is a friend of mine.	Es amigo mío.
He is my best friend.	Es mi mejor amigo.
He is my intimate friend.	Es mi amigo íntimo.
We are intimate friends.	Somos amigos íntimos.
I am sincerely attached to him.	Le quiero sinceramente.
Our friendship is reciprocal.	Nuestra amistad es recíproca.
Our dispositions are alike.	Somos del mismo carácter.

We are closely united.	Somos estrechamente unidos.
We agree perfectly well.	Nos entendemos perfectamente.
He has given me many proofs of his friendship.	Me ha dado muchas pruebas de su amistad.
I hope we shall never part.	Espero que jamás nos separaremos.
I felt an attachment for him the first time I met him.	He simpatizado con él desde la primera vez que le vi.
We love each other like brothers.	Nos queremos como hermanos.
There is no secret between us.	No nos ocultamos nada.
We have no secrets from each other.	No tenemos secretos el uno para el otro.
I would do anything for him.	Haría cualquier cosa por él.
He is very attentive to me.	Es muy obsequioso para conmigo.
Nobody esteems you more than I do.	Nadie le aprecia a V. más que yo.
He is the best of my friends.	Es el mejor de mis amigos.

Correspondence.	***Correspondencia.***
Mr. (or Esq.)	Sr. (or Sr. D. before a Christian name or its initial).
Messrs.	Sres. (Sres. D. is seldom used).
Mrs.	Sra. (or Sra. Da. as above).
Miss	Srta. (or Srta. Da.).
Sir, Dear Sir,	Muy Sr. mío: Muy Sr. nuestro:
Dear Sirs, Gentlemen,	Muy Sres. míos: Muy Sres. nuestros:
Madam, Dear Madam,	Muy Sra. mía: Muy Srta. mía:
My dear Sir,	Muy Sr. mío y amigo:
Dear father,	Querido padre:
Dear mother,	Querida madre:
My dear friend,	Mi querido amigo: Mi querida amiga.

To begin a Letter.	***Principiar una Carta.***
I beg to inform you...	Tengo el honor de informarle(s)...
We take the liberty of informing you...	Nos tomamos la libertad de informarle(s)...
I hasten to...	Me apresuro a...

We beg to acknowledge receipt of your letter of...	Tenemos el honor de acusarle(s) recibo de su carta de...
I regret to...	Siento (tener que)...
Your favour of the 15th inst. duly reached us.	Oportunamente nos favoreció su grata 15 de actual.
We enclose herewith...	Adjunto remitimos...
Confirming our letter of the 29th ult....	Confirmándole(s) nuestra carta de 29 del ppdo....
I have just received your letter of the 10th inst.	Acabo de recibir su carta del 10 corriente.
I am exceedingly obliged to you for...	Agredezco a V. muchísimo...
I was very sorry to hear...	He sentido mucho saber...
I thank you for your kind letter of...	Agradezco a V. su amable carta de...
I had the honour of writing to you on the 12th ult.	Tuve el honor de escribirle a V. el 12 del mes ppdo.
The person who will hand you this letter is Mr. X. who lives in the same town as I.	El dador (portador) de la presente es el Sr. X., quien vive en la misma ciudad que yo.
Dear friend, I cannot make out your silence; what has become of you?	Amigo mío: No puedo comprender su silencio; ¿qué ha sido de V.?

To end a Letter.	***Concluir una Carta.***
I am, dear Sir, yours truly,	Soy de V. atento S. S.[29] Q.B.S.M.[30]
We remain, dear Sirs, Yours faithfully,	Quedamos de Vs. atentos S.S. Q.B.S.M.
Without further, I remain, Yours truly,	Sin más, me repito de V. atto. S.S. etc.
Awaiting your reply, I remain, Yours faithfully,	En espera de su contestación, quedo de V. afmo. S.S.
Always at your service, I remain,...	Siempre a las órdenes de V. me repito suyo afmo. S.S.
Yours very truly,	De V. muy atto. y S.S.
Sincerely yours,	Suyo afmo. S.S. y amigo
Your sincere friend,	Su amigo que le aprecia
Your affectionate son,	Su hijo que le ama

[29] *Seguro servidor* (faithful servant).

[30] *Que besa su mano* (who kisses your hand). This latter formula is little used in Spanish America, and is often omitted in Spain. Letters from gentlemen to ladies end with Q.B.S.P., *que besa sus pies* (who kisses your feet).

We beg to subscribe ourselves, Gentlemen, your most obedient servants,	Tenemos el honor de suscribirnos de Vs. sus más atentos y S.S. Q.B.S.M.

English and Spanish Idiomatic Expressions and Proverbs. / *Expresiones Idiomáticas y Refranes Ingleses y Españoles.*

ENGLISH.	SPANISH.
He was caught in the very act.	Fué cogido infraganti (en flagrante delito).
Much ado about nothing.	Mucho ruído y pocas nueces.
Without more ado.	Sin más ni más.
To be on the alert.	Estar alerta. Estar sobre aviso.
After all.	Al fin y al cabo.
Grasp all, lose all.	Quien mucho abarca, poco aprieta. La codicia rompe el saco.
Once for all.	De una vez para siempre.
When all comes to all.	Con todo eso.
I have an appointment with him.	Tengo cita con él.
Make an appointment with me.	Deme V. hora para verle.
Arm in arm.	Del brazo. De bracete.
On good authority.	De buena tinta.
Be it as it may.	Sea como fuere.
As you make your bed so you must lie on it.	Quien mala cama hace, en ella se yace.
Early to bed, and early to rise, makes a man healthy, wealthy and wise.	Si quieres buena fama, no te dé el sol en la cama.
The beginning is the difficulty.	El primer paso es el que cuesta.
Well begun is half done.	Obra empezada, medio acabada.
He betrayed himself.	Se vendió.
Between you and me.	Para entre los dos.
Birds of a feather flock together.	Dios los cría y ellos se juntan.
A bird in the hand is worth two in the bush.	Más vale pájaro en mano que buitre volando.
To kill two birds with one stone.	Matar dos pájaros de un tiro.

A little bird told me.	Me lo ha dicho un pajarito.
To come to blows.	Venir a las manos.
Without striking a blow.	Sin dar un golpe.
We are in the same boat.	Nos hallamos en el mismo trance.
To blow out one's brains.	Levantarse la tapa de los sesos.
A bone of contention.	Una manzana de discordia.
What is bred in the bone will never come out of the flesh.	La cabra tira al monte. Genio y figura hasta la sepultura.
To bribe someone.	Untarle a alguno las manos.
New brooms sweep clean.	Escoba nueva barre bien.
He does not beat about the bush.	No se anda por las ramas.
To put the cart before fore the horse.	Tomar el rábano por las hojas.
They lead a cat and dog life.	Viven como perros y gatos.
Changes are pleasant.	En la variedad está el gusto.
Charity begins at home.	La caridad bien ordenada empieza por sí (por uno propio).
A burnt child dreads fire.	El gato escaldado del agua fría huye.
Spare the rod and spoil the child.	Ese te quiere bien que te hace llorar.
He is a chip off the old block.	De tal palo, tal astilla.
To carry coals to Newcastle.	Llevar hierro a Vizcaya.
Cut your coat according to your cloth.	Cual el año tal el jarro.
It is not the coat that makes the man.	El hábito no hace al monje.
First come, first served.	Primer venido, primer servido.
Tell me your company, and I will tell you your character.	Dime con quien andas, y te diré quien eres.
Too many cooks spoil the broth.	Barco que mandan muchos pilotos, pronto se va a pique.
To pluck up courage.	Hacer de tripas corazón.
Much cry and little wool.	Mucho ruido y pocas nueces.
There is many a slip 'twixt the cup and the lip.	De la mano a la boca, se pierde la sopa.
To be at daggers drawn.	Comerse unos a otros.
To look daggers.	Comerse a uno con la vista (con los ojos).
The better the day, the better the deed.	En buen día, buenas obras.

None so deaf as those who won't hear.	No hay peor sordo que el que no quiere oír.
To make ducks and drakes with one's money.	Derrochar el dinero.
To put all one's eggs in one basket.	Poner toda la carne en el asador.
He is out of his element.	Está fuera de su centro.
They find it very hard to make both ends meet.	Encuentran mucha dificultad en redondear sus rentas.
He had a narrow escape.	De buena se ha librado.
Even or odd.	Pares o nones.
At all events.	En todo caso.
Coming events cast their shadows before.	Por las vísperas se conocen los santos.
Don't get excited.	No se altere V. No se sofoque V.
Like father, like son.	De tal padre, tal hijo.
Fine feathers make fine birds.	Una buena capa todo lo tapa.
It makes my flesh creep.	Me pone carne de gallina.
To take French leave.	Despedirse a la francesa.
Out of the frying-pan into the fire.	Saltar de la sartén y dar en las brasas.
She has the gift of the gab.	Ella tiene mucho pico.
Ill-gotten gain never prospers.	Lo ajeno no hace heredero.
The game is not worth the candle.	Gastamos la pólvora en salvos.
To make game of someone.	Mofarse de alguno.
God helps those who help themselves.	A quien madruga, Dios le ayuda.
All is not gold that glitters.	No es oro todo lo que reluce.
To kill the goose that lays the golden eggs.	Matar la gallina que pone el huevo de oro.
To bring grist to the mill.	Llevar el agua a su molino.
Habit is second nature.	La costumbre es otra naturaleza.
It makes one's hair stand on end.	Le pone a uno los pelos de punta.
To go halves.	Ir a medias.
As if nothing had happened.	Como si nada hubiera pasado. Como si tal cosa.
To be hard up.	Hallarse en apuros.
The more haste, the less speed.	Vísteme despacio que estoy de prisa.
Make hay while the sun shines.	Al hierro caliente batir de repente.

Head or tail.	Cara o cruz.
I cannot make head or tail of this.	Esto no tiene pies ni cabeza.
They are over head and ears in debt.	Están empeñados hasta los ojos.
Two heads are better than one.	Más ven cuatro ojos que dos.
You need not take it to heart.	No hay que tomarlo a pecho.
To take to one's heels.	Apretar los talones.
Honesty is the best policy.	Peso y medida quitan al hombre fatiga.
Look not a gift horse in the mouth.	A caballo regalado no hay que mirarle el diente.
Spare hours.	Horas de recreo (de ocio).
A man's house is his castle.	Mientras en mi casa estoy, rey soy.
Hunger is the best sauce.	La mejor salsa es el hambre.
There is no hurry.	No corre prisa.
Idleness is the root of all evil.	La ociosidad es madre de los vicios.
Joking apart.	Chanzas aparte.
Better late than never.	Más vale tarde que nunca.
He is as thin as a lath.	Está hecho una espátula.
They laugh best who laugh last.	Al freír será el reír. Al fin se canta la gloria.
He is laughing in his sleeve.	Se ríe para sí.
Lightly come, lightly go	Los dineros del sacristán, cantando se vienen y cantando se van.
Listeners never hear good of themselves.	Quien escucha, su mal oye.
Literally.	Al pie de la letra.
Every little helps.	Algo es algo.
Many a little makes a mickle.	Muchos pocos hacen un mucho.
Look before you leap.	Antes que te cases, mira lo que haces.
To cast lots.	Echar suertes.
He has left me in the lurch.	Me ha dejado plantado.
Man proposes, God disposes.	El hombre propone y Dios dispone.
One man's meat is another man's poison.	Lo que es bueno para el hígado es malo para el bazo.
I do not like his manners.	No me gustan sus modales.
He has no manners.	No tiene crianza.
Tell that to the marines.	A otro perro con ese hueso.

To hit the mark.	Dar en el blanco.
To miss the mark.	Errar el blanco.
Like master, like man.	Tal amo, tal criado.
As a matter of fact.	En efecto.
It is a matter of taste.	Es cuestión de gustos.
He does not mince matters.	No se para en repulgos.
So many men, so many minds.	Tantas cabezas, tantas sentencias.
You are in a nice mess now.	En buena se ha metido V. ahora.
They are in a mess.	Están en un brete.
In the very middle.	Justamente en medio.
It is no use crying over spilt milk.	A lo hecho pecho.
He changed his mind.	Ha mudado de parecer.
I gave him a piece of my mind.	Le he dicho unas claridades.
To be bent on mischief	Estar para hacer de las suyas.
Spare moments.	Ratos de ocio.
Money begets money.	Dinero llama dinero.
Money makes the mare to go.	Por dinero baila el perro (y por pan si se lo dan).
He owes money to everybody.	Debe hasta el aire que respira.
To make a mountain out of a molehill.	Hacer de una pulga un camello (un elefante).
There is some mystery here.	Aquí hay gato encerrado.
To hit the nail on the head.	Dar en el clavo.
Necessity knows no law.	La necesidad carece de ley.
To look for a needle in a bundle of hay.	Buscar una aguja en un pajar.
A sleepless night.	Una noche toledana.
Nothing venture, nothing win.	Quien no se aventura, no pasa la mar.
They gave him notice.	Le han despachado.
Now or never.	Ahora o nunca.
He looks after number one.	Se ata bien el dedo.
As old as the hills.	Más viejo que el andar a gatas.
Opportunity makes the thief.	La ocasión hace al ladrón.
Patience works wonders.	Con paciencia y saliva un elefante se tragó a una hormiga.
To buy a pig in a poke.	Comprar gato en saco.

To be on pins and needles.	Estar en ascuas (en brasas).
The pitcher goes so often to the well that it is broken at last.	Tantas veces va el cántaro a la fuente que al fin se quiebra.
Let us return to the point.	Volvamos al asunto.
The pot calls the kettle black.	Dijo la sartén a la caldera, quítate allá ojinegra.
Poverty is no crime.	Pobreza no es vileza.
Practice makes perfect.	El ejercicio hace maestro.
The pros and cons.	El pro y el contra.
There are two sides to every question.	Preciso es oír los dos cantares.
He is quick-tempered.	Es de genio vivo. Es una pólvora.
It never rains but it pours.	Un mal llama a otro.
Short reckonings make long friends.	Cuentas claras, amigos viejos.
Without rhyme or reason.	Sin ton ni son.
Right or wrong.	Con razón o sin ella.
It served him right.	Ha llevado su merecido.
Rome was not built in a day.	No se ganó Zamora en una hora.
To rough it.	Pasar trabajos.
To run away.	Tomar soleta. Apretar los talones.
It is not worth a rush.	No vale un ardite.
Safe and sound.	Sano y salvo.
Everyone knows where the shoe pinches.	Cada uno sabe donde le aprieta el zapato.
Out of sight, out of mind.	A espaldas vueltas, memorias muertas.
Silence gives consent.	Quien calla otorga.
He saved his skin.	Sacó a salvo la piel.
To sleep over it.	Consultar con la almohada.
No song, no supper.	No hay dinero, no hay pandero.
Sooner or later.	Tarde o temprano.
To call a spade a spade.	Llamar al pan, pan, y al vino, vino.
To keep step.	Andar a compás.
A stitch in time saves nine.	Lo hecho a tiempo vale un ciento.
Store is no sore.	Lo que abunda no daña.
He does not care a straw about it.	No se da un ardite de ello.
Little strokes fell great oaks.	Poco a poco hila la vieja el copo.

He is in a brown study.	Está en Babia.
Better to be sure than sorry.	Más vale un por si acaso que un quien pensara.
One swallow does not make a summer.	Una golondrina no hace verano.
He is a swell.	Es un elegante.
There is no accounting for tastes.	Contra gustos no hay disputa.
He will never set the Thames on fire.	No ha inventado la pólvora.
On second thoughts.	Después de repensarlo. Reflexión hecha.
I am tired of it.	Eso me aburre.
To give tit for tat.	Amor con amor se paga. Donde las dan las toman.
A slip of the tongue.	Un desliz de la lengua.
To sleep like a top.	Dormir como un tronco.
One good turn deserves another.	Una mano lava la otra (y las dos la cara).
Up-to-date.	Al día.
To make a virtue of necessity.	Hacer de la necesidad virtud.
To have a voice in the matter.	Tener voz en capítulo.
Everything comes to him who waits.	Con paciencia se gana el cielo.
To fish in troubled waters.	Pescar en río revuelto.
Still waters run deep.	Del agua mansa me libre Dios, que de la brava me guardaré yo.
On the way.	De camino.
She does not know which way to turn.	Ella no sabe a dónde volver la cabeza.
Ill weeds grow apace.	La mala yerba siempre crece.
All's well that ends well.	El fin corona la obra.
They are well off.	Tienen un buen pasar.
It's an ill wind that blows nobody good.	No hay mal que por bien no venga.
Good wine needs no bush.	El buen paño en el arca se vende.
A word to the wise is sufficient.	Al buen entendedor pocas palabras bastan.
He is at his wits' end.	No sabe qué decir (ni qué hacer). Se halla en un abismo.

Vocabulary of Business Words and Expressions in Everyday Use.	***Vocabulario de Términos y Expresiones Comerciales de Uso Diario.***
ENGLISH.	**SPANISH.**
Abandonment.	Abandono.
Abatement.	Rebaja.
Abeyance, in.	En suspenso.
Above mentioned.	Antedicho, susodicho.
Abstract of account.	Extracto de cuenta.
Accelerated train.	Tren acelerado, rápido.
Acceptance of goods.	Aceptación de mercancías.
Accommodation bill.	Letra de cortesía, de deferencia.
Account.	Cuenta.
Account current.	Cuenta corriente.
Account sales.	Cuenta de venta.
Accountant.	Contador.
Accumulation of goods.	Acumulación de mercancías.
Acknowledgment of receipt.	Acuse de recibo.
Act of God.	Fuerza mayor.
Action.	Acción, pleito, proceso.
Additional freight.	Flete adicional.
Address.	Dirección, señas.
Addressee.	Destinatario.
Addressor.	Remitente.
Administration.	Administración.
Advance.	Avance, anticipo; alza, subida.
Advertisement.	Anuncio.
Advice.	Aviso; consejo.
Advice note.	Carta de aviso.
Affidavit.	Atestación.
Agency.	Agencia.
Agent.	Agente.
Agreement.	Convenio, contrato.
Allotment.	Repartición.
Allowance for tare.	Rebaja por tara.

Amalgamation.	Amalgamación, fusión.
Ambulance carriage.	Coche de ambulancia.
Ambulance train.	Tren de ambulancia.
Amount of property.	Total de los bienes.
Anchorage.	Anclaje, fondeadero.
Announcement.	Anuncio.
Annual account.	Cuenta anual.
Annual balance.	Balance anual.
Answer.	Respuesta, contestación.
Appeal.	Apelación.
Application.	Demanda, solicitud.
Appointment.	Cita; nombramiento.
Appraisement.	Tasación.
Appraiser.	Tasador.
Apprentice.	Aprendiz.
Apprentice's indenture.	Contrato de aprendizaje.
Apprenticeship.	Aprendizaje.
Approval.	Aprobación.
Appurtenances.	Accesorios.
Arbitration.	Arbitraje.
Arbitrator.	Arbitro.
Arrangement.	Arreglo.
Arrears.	Atrasos.
Arrival.	Llegada.
Arrival platform.	Andén de llegada.
Article.	Artículo.
Ascent.	Subida, ascensión.
Ascent (slope).	Cuesta, pendiente.
Assets.	Activo.
Assignee.	Cesionario.
Assigner.	Cedente.
Assignment.	Cesión.
Association.	Asociación.
Assortment.	Surtido.
Astray, to go.	Extraviarse.

At par.	Al par.
At sight.	A la vista.
Attention.	Atención.
Auction.	Subasta.
Auctioneer.	Rematador.
Auditor.	Auditor, revisor.
Authority.	Autoridad; autorización.
Average number.	Número medio.
Average price.	Precio medio.
Average sum.	Suma media.
Average value.	Valor medio.
Award.	Laudo.
Backwardation.	Deporte.
Bag.	Saco.
Baggage (luggage).	Equipaje.
Bail.	Caución, fianza.
Balance.	Balance, saldo.
Balance sheet.	Balance.
Bale.	Fardo.
Ballast.	Lastre.
Bank.	Banco.
Banker.	Banquero.
Banking.	Banca.
Banking business.	Negocios bancarios.
Banking expenses.	Gastos de banca.
Banknote.	Billete de banco.
Bankrupt.	Fallido, quebrado.
Bankrupt's certificate.	Concordato.
Bankrupt's estate.	Masa.
Bankruptcy.	Quiebra, bancarrota.
Bar (gold or silver).	Barra (de oro o de plata).
Bargain.	Ganga.
Barratry.	Baratería.
Barrel.	Barril.

Barter (exchange).	Trueque.
Basin (dock).	Dársena, dique.
Basin (port).	Fondeadero.
Bay.	Bahía.
Beacon.	Faro, fanal.
Bear.	Bajista.
Bearer.	Portador.
Berth.	Litera; sitio; empleo.
Between deck (steerage).	Entrepuente.
Bid.	Oferta, puja.
Bidder, highest.	Mejor postor.
Bill.	Letra; cuenta.
Bill book.	Libro de letras.
Bill broker.	Corredor de cambios.
Bill holder.	Portador de una letra.
Bill of exchange.	Letra de cambio.
Bill of health.	Patente de sanidad.
Bill of lading.	Conocimiento.
Bill of sale.	Carta de venta.
Bill stamp.	Sello de letras.
Blank endorsement.	Endoso en blanco.
Board of administration.	Consejo de administración.
Boatman.	Botero.
Boatswain.	Contramaestre.
Boiler.	Caldera.
Bond.	Bono; obligación; fianza.
Bonded goods.	Mercancías en depósito.
Bondholder.	Bonista, obligacionista.
Bonus.	Prima.
Book debt.	Deuda activa.
Book-keeper.	Tenedor de libros.
Book-keeping.	Teneduría de libros.
Boom.	Alza; actividad.
Bottomry bond.	Contrato a la gruesa.
Bowsprit.	Bauprés.

Box.	Cajita.
Brake.	Freno.
Branch.	Sucursal.
Branch line (railway).	Ramal; vía secundaria.
Breach of contract.	Infracción de contrato.
Breakage.	Rotura.
Brig.	Bergantín.
Broad gauge.	Vía ancha.
Broadside.	Andanada.
Broker (goods).	Corredor (de comercio).
Brokerage.	Corretaje.
Buffer.	Tope.
Bull.	Alcista.
Bullion.	Metálico, numerario.
Bundle.	Atado, lío.
Buoy.	Boya.
Business connections.	Relaciones comerciales.
Business expenses.	Gastos de comercio.
Business for own account.	Negocios de cuenta propia.
Buyer.	Comprador.
Cabin.	Cámara.
Cable.	Cable.
Cablegram.	Cablegrama.
Calculation.	Cálculo.
Calculation of freight.	Cálculo del flete.
Calking.	Calafateo.
Call.	Llamada; (port) escala.
Cancelling.	Anulación, cancelación.
Capital.	Capital.
Capitalist.	Capitalista.
Captain.	Capitán.
Cargo.	Carga.
Carriage.	Porte.
Carrier (carter).	Carretero.

Cartage.	Acarreo, carretaje, camionaje.
Case.	Caja.
Case, skeleton.	Caja-jaula.
Cash.	Dinero contante; al contado.
Cash account.	Cuenta de caja.
Cash balance.	Dinero en caja.
Cash book.	Libro de caja.
Cash box.	Caja.
Cash office.	Caja.
Cashier.	Cajero.
Cask.	Casco.
Catalogue.	Catálogo.
Cattle truck.	Vagón para ganado.
Caution.	Advertencia.
Cereals.	Cereales.
Certificate.	Certificado.
Cession.	Cesión.
Chairman.	Presidente.
Chamber of Commerce.	Cámara de Comercio.
Change of carriages.	Cambio de coches.
Charges for collecting.	Gastos de cobro.
Charges for reloading.	Gastos de reembarque.
Charter party.	Póliza de fletamento.
Chemicals.	Productos químicos.
Cheque.	Cheque.
Cheque book.	Libro de cheques; talonario.
Chief custom-house.	Aduana principal.
Chief office.	Oficina principal, casa matriz.
Chief station.	Estación principal.
Choice goods.	Géneros escogidos.
Circular letter.	Carta circular.
Circular note.	Nota circular.
Circular railway.	Ferrocarril de circunvalación.
Circulation.	Circulación.
Claim.	Reclamación.

Claim (debt).	Crédito.
Clause.	Cláusula.
Clear, to.	Despachar.
Clerk.	Dependiente.
Client.	Cliente.
Coaster (vessel).	Buque de cabotaje, vapor costero.
Collecting station.	Estación central.
Collection (of drafts).	Cobro.
Collector of customs.	Recaudador de aduanas.
Colonial trade.	Comercio colonial.
Commerce.	Comercio.
Commercial affairs.	Asuntos comerciales.
Commercial agent.	Agente comercial.
Commercial house.	Casa de comercio.
Commercial intercourse.	Relaciones comerciales.
Commercial law.	Derecho comercial.
Commercial school.	Escuela de comercio.
Commercial style.	Estilo comercial.
Commercial traveller.	Viajante comercial.
Commercial treaty.	Tratado de comercio.
Commission.	Comisión.
Commission agent.	Comisionista.
Commission business.	Negocios de comisión.
Commission merchant.	Comisionista.
Committee.	Comité.
Company.	Compañía.
Compartment for non-smokers.	Departamento para no fumadores.
Compensation.	Bonificación, indemnización.
Competent judge.	Juez competente.
Competition.	Competencia, concurrencia.
Competitor.	Competidor, concurrente.
Complaint book.	Libro de quejas.
Composition.	Arreglo, acuerdo.
Compound interest.	Interés compuesto.
Compromise.	Compromiso.

Compulsory prepayment of freight.	Pago adelantado obligatorio del flete.
Concern.	Asunto.
Concession.	Concesión.
Condition.	Condición, estado.
Condition of forwarding.	Condición de expedición.
Conditionally.	Condicionalmente.
Conductor (of a train).	Conductor.
Confirmation.	Confirmación.
Confiscation.	Confiscación, comiso.
Conformably to tariff.	Con arreglo a la tarifa.
Connecting line.	Linea de empalme.
Connection.	Relación; clientela; combinación.
Consignee.	Consignatario.
Consignment.	Consignación, envío.
Consignment against cash on delivery.	Consignación contra pago a la entrega.
Consignment of piece goods.	Consignación de géneros en pieza.
Consignment prepaid.	Consignación porte pagado.
Consignor.	Expedidor, remitente.
Consols.	Consolidados.
Consul.	Cónsul.
Consular agent.	Agente consular.
Consular invoice.	Factura consular.
Consulate.	Consulado.
Consumer.	Consumidor.
Contango.	Reporte.
Contents unknown.	Se ignora el contenido.
Contract for delivery.	Contrato de entrega.
Contracting parties.	Partes contratantes.
Contractor.	Contratante.
Convenience.	Conveniencia, comodidad.
Convention.	Convención.
Conversion.	Conversión.
Conveyance.	Transporte, camionaje; vehículo.
Cooperage.	Tonelería.
Copy (of a book).	Ejemplar.

Copy (of a letter).	Copia.
Copying book.	Copiador.
Copyright.	Propiedad literaria.
Correspondence.	Correspondencia.
Correspondent.	Corresponsal.
Cost price.	Precio de coste.
Cotton mill.	Fábrica de algodón.
Counsel.	Abogado.
Counter.	Mostrador.
Countercharge.	Recriminación.
Counterfoil.	Talón.
Countermand.	Contraorden.
Counteroffer.	Contraoferta.
Countersignature.	Refrendata.
Counter-weight.	Contrapeso.
Counting house.	Oficina, escritorio.
Coupon.	Cupón.
Court of Admiralty.	Comandancia de Marina.
Covered platform.	Plataforma cubierta; (railway) andén cubierto.
Cranage.	Derechos de grúa.
Crane.	Grúa.
Crate.	Huacal.
Credit.	Crédito.
Credit note.	Nota de crédito.
Creditor.	Acreedor.
Crew.	Tripulación.
Crisis.	Crisis.
Crossing.	Travesía.
Cruise.	Viaje por mar.
Cruiser.	Crucero.
Cubic contents.	Contenido cúbico.
Cubic measure.	Medida cúbica.
Currency.	Circulación.
Current money.	Moneda corriente.

Curve.	Curva.
Custom.	Costumbre.
Custom-house.	Aduana.
Custom-house duty.	Derechos de aduana.
Custom-house officer.	Aduanero.
Customs warehouse.	Depósito de la aduana.
Customer.	Cliente, parroquiano.
Cutter.	Cúter.
Damage.	Avería.
Damaged by sea water.	Averiado por agua de mar.
Damages.	Daños y perjuicios; indemnización.
Danger signal.	Señal de peligro.
Date.	Fecha.
Day-book.	Diario.
Day of delivery.	Día de entrega.
Days of demurrage.	Días de estadía.
Days of grace.	Días de cortesía.
Dealer.	Comerciante, negociante, tratante.
Debenture.	Obligación, vale.
Debit.	Débito.
Debit note.	Nota de débito.
Debt.	Deuda.
Debt of honour.	Deuda de honor.
Debtor.	Deudor.
Deck.	Cubierta.
Declaration.	Declaración.
Declaration of value.	Declaración del valor.
Declaration of weight.	Declaración del peso.
Declared value.	Valor declarado.
Decline.	Baja.
Deduction.	Deducción, rebaja.
Deed.	Escritura.
Defaulter.	Insolvente.
Defendant.	Demandado.

Deficiency in weight.	Falta de peso.
Deficit.	Déficit.
Degree of latitude.	Grado de latitud.
Degree of longitude.	Grado de longitud.
Delay of a train.	Demora de un tren.
Delivery of goods.	Entrega de mercancías.
Delivery of luggage.	Entrega de equipaje.
Delivery order.	Orden de entrega.
Demand.	Demanda.
Demurrage.	Demora, estadía.
Dented wheel.	Rueda dentada.
Department.	Departamento; ramo.
Departure of a train.	Salida de un tren.
Departure platform.	Andén de salida.
Deposit.	Depósito.
Depositing of luggage.	Depósito (consignación) de equipajes.
Depot.	Depósito.
Depreciation.	Depreciación.
Depression.	Abatimiento.
Derailment.	Descarrilamiento.
Desk.	Bufete, escritorio, pupitre.
Despatch.	Despacho.
Destination.	Destino.
Details.	Detalles.
Deterioration.	Deterioro.
Development.	Desarrollo.
Differential duty.	Derecho diferencial.
Dimension.	Dimensión, medida, tamaño.
Diminution.	Diminución.
Direct communication.	Comunicación directa.
Direction.	Dirección.
Director.	Director.
Directory.	Directorio, anuario.
Disaster.	Desastre, siniestro.
Disbursement.	Desembolso.

Discharging.	Descarga.
Discharging expenses.	Gastos de descarga.
Discount.	Descuento.
Discount bank.	Banco de descuento.
Disorder.	Desorden.
Disposition.	Disposición.
Dividend.	Dividendo.
Dock.	Dique.
Document.	Documento.
Domiciled bill.	Letra domiciliada.
Double track.	Doble vía.
Down the river.	Río abajo.
Draft.	Letra; (of a vessel) calado.
Drawback.	Devolución de derechos.
Drawee.	Librado.
Drawer.	Librador.
Drum.	Tambor.
Dry dock.	Dique seco.
Dry goods.	Géneros finos.
Dues.	Derechos.
Duplicate.	Duplicado.
Duty.	Derechos, impuesto.
Duty free.	Libre de derechos.
Emission.	Emisión.
Emission of bank notes.	Emisión de billetes de banco.
Employment.	Empleo.
Enclosed.	Adjunto, incluso.
Enclosure.	Inclusa.
Endeavours.	Esfuerzos.
Endorsement.	Endoso.
Engine.	Máquina.
Engineer.	Ingeniero; maquinista.
Engineering establishment.	Fábrica de máquinas.
Enjoyment of interest.	Usufructo de los intereses.

Enquiry office.	Oficina de informes.
Enterprise.	Empresa.
Entrance duty.	Derecho de entrada.
Entry at the custom-house.	Declaración de aduana.
Equipment.	Equipo.
Error.	Error.
Establishment.	Establecimiento, casa.
Esteem.	Estimación, estima.
Estimate.	Cómputo, presupuesto.
Examination.	Examen.
Exchange.	Cambio; bolsa.
Exchange office.	Casa de cambio.
Exchequer bills.	Vales de la tesorería.
Excise.	Sisa.
Execution.	Ejecución.
Exemption.	Exención, franquicia.
Exhibition.	Exposición.
Exhibitor.	Expositor.
Expectation.	Expectativa.
Expense.	Gasto.
Experiment.	Ensayo, tentativa.
Expert.	Perito.
Expiration of term.	Expiración, vencimiento del plazo.
Expiration of ticket.	Terminación del billete.
Expiration of time of delivery.	Vencimiento del plazo para la entrega.
Export duty.	Derechos de exportación.
Export goods.	Géneros de exportación.
Export trade.	Comercio de exportación.
Exporter.	Exportador.
Expostulatory letter.	Carta de queja.
Express train.	Tren expreso.
Extract of account.	Extracto de cuenta.
Factor.	Factor, agente, comisionista.
Factory price.	Precio de fábrica.

Failure.	Quiebra.
Fall.	Baja.
Falsification of documents.	Falsificación de documentos.
Fancy articles, fancy goods.	Artículos de capricho (de fantasía).
Fancy goods shop.	Almacén de efectos de
capricho (de fantasía).	
Fashionable.	De moda.
Fast train.	Tren rápido, acelerado.
Fee.	Honorario.
Final balance.	Balance final.
Fine.	Multa.
Finish.	Acabado.
Fire insurance.	Seguro contra incendios.
Firm.	Casa.
Fixed price.	Precio fijo.
Flag.	Bandera.
Floating debt.	Deuda flotante.
Flotsam.	Objetos flotantes.
Flotsam rights.	Derechos litorales.
Fluctuation.	Fluctuación.
Foot-board.	Estribo, marchapié.
Forced (compulsory) loan.	Empréstito forzoso.
Foreign securities.	Valores extranjeros.
Foremast.	Palo de trinquete.
Forgery.	Falsificación.
Form.	Formulario, modelo.
Forwarding.	Expedición.
Forwarding agent.	Expedidor.
Forwarding business.	Comercio de expedición.
Forwarding of luggage.	Expedición del equipaje.
Fraud.	Fraude.
Fraudulent declaration.	Declaración fraudulenta.
Free luggage.	Equipaje libre, gratis.
Free passage.	Pasaje gratuito.
Free port.	Puerto libre, franco.

Free trade.	Libre cambio.
Freight.	Flete.
Freight list.	Sobordo.
Freighter.	Fletador.
Frigate.	Fragata.
Full power of attorney.	Poder general.
Fund.	Fondo.
Gain.	Ganancia.
Gauge, to.	Medir, arquear.
Gauger's fee.	Medición, arqueaje.
Gold standard.	Ley del oro.
Goods station.	Estación de mercancías.
Goods tariff.	Tarifa de mercancías.
Goods train.	Tren de mercancías.
Goods traffic.	Tráfico de mercancías.
Goods truck.	Vagón de mercancías.
Goodwill.	Clientela, parroquia.
Government.	Gobierno.
Gratuity.	Gratificación.
Grease.	Grasa.
Grocer.	Especiero.
Gross weight.	Peso bruto.
Guarantee.	Garantía, fianza.
Guarantor.	Garante, fiador.
Guard.	Guardia; conductor.
Guard ship.	Buque de guardia.
Guidance, for your.	Para su gobierno.
Harbour.	Puerto.
Hardware.	Quincallería.
Hawker.	Buhonero; vendedor ambulante.
Head office.	Oficina principal, casa matriz.
Head storekeeper.	Jefe del almacén.
Heavy goods.	Mercancías pesadas (de peso).
Heavy sea.	Mar gruesa.

Helm.	Timón.
Helmsman.	Timonel.
High pressure.	Alta presión.
High road.	Camino real.
High sea.	Alta mar.
Highest rate.	Tipo más alto.
Hogshead.	Bocoy.
Hold (of a ship).	Bodega.
Holder.	Portador.
Holiday.	Día de fiesta.
Home market.	Mercado interior.
Hoop.	Fleje; aro, cerco.
Horse-power.	Fuerza de caballos.
Hot air heating.	Calefacción de aire.
House.	Casa.
Hull (of a ship).	Casco.
Immovables.	Bienes raíces.
Import duty.	Derechos de importación.
Import goods.	Géneros de importación.
Import trade.	Comercio de importación.
Importer.	Importador.
Improvement.	Mejora.
Inadvertence.	Inadvertencia.
Inclined plane.	Plano inclinado.
Income tax.	Impuesto sobre la renta.
Increase.	Aumento.
Increased freight.	Flete aumentado.
Indemnification.	Indemnización.
Indemnity.	Indemnidad.
Indictment.	Denuncia.
Industrial exhibition.	Exposición industrial.
Industry.	Industria.
Inflammable goods.	Mercancías inflamables.
Information.	Informe.

Infringement.	Infracción.
Insolvency.	Insolvencia.
Instalments.	Plazos.
Instant.	Actual, corriente.
Insurance.	Seguro.
Interest.	Interés.
Interest coupon.	Cupón de interés.
Interested parties.	Interesados, partes interesadas.
Intermediate station.	Estación intermedia (intermediaria).
Interruption of traffic.	Interrupción del tráfico.
Intervention.	Intervención.
Interview.	Entrevista.
Introduction.	Introducción.
Invention.	Invención.
Inventor.	Inventor.
Inventory.	Inventario.
Investigation.	Investigación.
Investment.	Colocación, empleo.
Invoice book.	Libro de facturas.
Issue.	Emisión.
Item.	Artículo, asiento, partida.
Jetsam.	Echazón.
Joint account.	Cuenta en participación.
Joint enterprise.	Empresa en participación.
Joint manager.	Cogerente.
Joint proprietor.	Copropietario.
Joint stock company.	Sociedad por acciones.
Journal.	Diario.
Journey.	Viaje.
Judgment.	Juicio.
Junction.	Empalme.
Junction railway.	Ramal.
Jury.	Jurado.
Jury mast.	Bandola.

Keel.	Quilla.
Kilogramme.	Kilogramo.
Kilometre.	Kilómetro.
Knowledge.	Conocimiento.
Label.	Etiqueta, rótulo.
Labour.	Trabajo.
Lading.	Embarque.
Land tax.	Contribución territorial.
Landed proprietor.	Propietario territorial.
Landing place.	Desembarcadero.
Launch.	Lancha; botadura.
Law.	Ley.
Lawsuit.	Causa, pleito.
Lawyer.	Abogado.
Lay-day.	Día de estadía.
Layer.	Capa.
Lead covering.	Emplomaje.
Leakage.	Derrame, merma.
Lease.	Contrato de arriendo.
Leaseholder.	Arrendatario.
Ledger.	Libro mayor.
Legacy.	Legado.
Legal aid.	Amparo judicial.
Legal means.	Medios legales.
Legalisation.	Legalización.
Lender.	Prestador.
Letter.	Carta.
Letter of advice.	Carta de aviso.
Letter of credit.	Carta de crédito.
Letter of marque.	Patente de corso.
Lever.	Palanca.
Liabilities.	Pasivo.
Liability.	Responsabilidad.
License.	Licencia, permiso.

Life annuity.	Renta vitalicia.
Light goods.	Mercancías ligeras (de medida).
Light weight.	Peso ligero.
Light-ship.	Buque fanal.
Lighter.	Lancha, gabarra.
Lighterage.	Gabarraje.
Lighthouse.	Faro, fanal.
Limited company.	Sociedad anónima.
Liquidation.	Liquidación.
Liquidator.	Liquidador, síndico.
Load.	Carga.
Loan.	Empréstito.
Local bill.	Letra sobre la plaza.
Local business.	Transacciones de la plaza.
Local custom.	Costumbre local (de la plaza).
Local expenses.	Gastos de plaza.
Local price.	Precio de la plaza (del lugar).
Local railway.	Ferrocarril local.
Local trade.	Comercio local.
Loss of interest.	Pérdida de interés.
Loss on exchange.	Pérdida en el cambio.
Low pressure.	Baja presión.
Lowest freight.	Flete más bajo.
Luggage.	Equipaje.
Luggage freight.	Flete del equipaje.
Luggage office.	Despacho del equipaje.
Luggage ticket.	Talón de equipaje.
Luggage wagon.	Furgón de equipajes.
Mail.	Correo.
Maintenance.	Manutención.
Maker.	Fabricante.
Man-of-war.	Buque de guerra.
Management.	Dirección, gerencia.
Manager.	Director, gerente.

Manifest.	Manifiesto.
Manufactory.	Fábrica.
Manufacture.	Manufactura, fabricación
Manufacturer.	Manufacturero, fabricante.
Margin.	Margen.
Marine (navy).	Marina.
Maritime course.	Rumbo, derrota.
Maritime insurance.	Seguro marítimo.
Maritime intercourse.	Relaciones marítimas.
Mark.	Marca; (coin) marco.
Market.	Mercado, plaza.
Mast.	Mástil, palo.
Master.	Capitán, patrón.
Mate.	Piloto.
Maturity.	Vencimiento.
Means.	Medios.
Means of transport.	Medio de transporte.
Measure.	Medida.
Measures of capacity.	Medidas de capacidad.
Measures of length.	Medidas lineales.
Mechanical work.	Trabajo mecánico.
Meeting.	Reunión.
Memorandum.	Memorándum, nota.
Mercantile agency.	Agencia comercial.
Merchandise.	Mercancías, géneros.
Merchant.	Comerciante.
Merchantman.	Buque mercante.
Message.	Mensaje.
Messenger.	Mensajero.
Middleman.	Intermediario.
Mine.	Mina.
Mistake.	Error.
Misunderstanding.	Mala inteligencia.
Mixed train.	Tren mixto.
Mizzen mast.	Palo de mesana.

Model.	Modelo.
Monetary matters.	Asuntos monetarios.
Monetary system.	Sistema monetario.
Money.	Dinero, moneda.
Monopoly.	Monopolio.
Month.	Mes.
Monthly balance.	Balance mensual.
Mortgage.	Hipoteca.
Mortgagee.	Acreedor hipotecario.
Mortgager.	Deudor hipotecario.
Motion.	Movimiento; proposición.
Mountain railway.	Ferrocarril de montaña.
Mouth of a river.	Embocadura de un río.
Movables.	Bienes muebles.
Name.	Nombre.
Narrow gauge.	Vía estrecha.
National bank.	Banco nacional.
National debt.	Deuda pública (nacional).
Naval affairs.	Asuntos marítimos.
Navigable water.	Aguas navegables.
Navigation.	Navegación.
Navigation by towboats.	Navegación a remolque.
Navigator.	Navegador, navegante, marino.
Navy.	Marina.
Negotiation.	Negociación.
Net for small parcels.	Red, rejilla.
Net price.	Precio neto.
Net profit.	Ganancia neta.
Net receipts.	Entrada neta.
Net weight.	Peso neto.
Network of railways.	Red de ferrocarriles.
Night express.	Expreso de noche.
Night train.	Tren de noche.
Nominal value.	Valor nominal.

Normal freight.	Flete normal.
Normal track.	Vía normal.
Notary public.	Escribano público.
Note.	Nota.
Notice, to give.	Dar aviso.
Notice, to take.	Tomar nota.
Novelty.	Novedad.
Number.	Número.
Offer.	Oferta.
Office.	Oficina.
Officer.	Oficial.
Opening of a railway section.	Inauguración de una sección de ferrocarril.
Option.	Opción.
Order book.	Libro de órdenes.
Outbidding.	Puja; mayor postura.
Output.	Producción.
Outstanding debts.	Deudas activas.
Overcharge, to.	Cobrar demasiado; sobrecargar.
Overdue.	Atrasado; vencido.
Overfreight, to.	Sobrecargar.
Overland mail for India.	Correo por tierra para las Indias.
Overload, to.	Sobrecargar.
Overstocked (the market).	Sobrecargado, abrumado.
Overweight, excess weight.	Sobrepeso; exceso de peso.
Owner.	Dueño, propietario; (of ships) armador.
Pack-cloth.	Arpillera.
Package.	Bulto.
Packet.	Paquete.
Packing.	Embalaje.
Parapet.	Parapeto.
Parcels post.	Correo de paquetes.
Partner.	Socio.
Partnership.	Asociación, sociedad.

Passage down river.	Travesía río abajo.
Passage out and home.	Viaje de ida y vuelta.
Passenger.	Pasajero, viajero.
Passenger carriage.	Coche de viajeros.
Passenger steamer.	Vapor de pasaje.
Passengers' luggage.	Equipaje.
Passenger traffic.	Tráfico de viajeros.
Passenger train.	Tren de viajeros.
Passport.	Pasaporte.
Patent.	Patente, privilegio (de invención).
Patentee.	Privilegiado.
Patron.	Protector.
Pattern.	Muestra.
Pawn, to.	Empeñar.
Pawnbroker.	Prendero.
Pay-day.	Día de pago.
Payable to bearer.	Pagadero al portador.
Payable to order.	Pagadero a la orden.
Payment in advance.	Pago adelantado.
Payment of duty.	Pago de derechos.
Payment of interest.	Pago de interés.
Payment received.	Pago recibido.
Pennant.	Banderola.
Percentage.	Porcentaje; tanto por ciento.
Permit.	Permiso.
Perusal.	Lectura.
Petition.	Súplica, petición, memorial.
Petty expenses.	Gastos menores.
Piece.	Pieza.
Pier.	Muelle.
Pilot.	Práctico.
Pilotage.	Practicaje.
Place.	Lugar.
Plaintiff.	Demandante.
Plan.	Plan, proyecto; plano.

Pledge.	Empeño, prenda.
Policy of insurance.	Póliza de seguro.
Pontoon.	Pontón.
Port.	Puerto; (larboard) babor.
Port dues.	Derechos de puerto.
Port of exportation.	Puerto de exportación.
Porter.	Mozo.
Porterage.	Conducción.
Position.	Posición, situación.
Post, by return of.	A vuelta de correo.
Post-card.	Tarjeta postal.
Postage book.	Libro de portes de cartas.
Postdate.	Posfecha.
Postscript.	Posdata.
Predecessor.	Predecesor, antecesor.
Prejudice.	Perjuicio.
Premises.	Local.
Premium.	Prima, premio.
Prepaid.	Franqueado; porte pagado.
Preparatory work.	Trabajo preparatorio.
Prepayment.	Pago adelantado, anticipado.
Prerogative.	Prerrogativa , privilegio.
Previous calculation.	Previo cálculo.
Price.	Precio.
Price-list.	Lista de precios, precio corriente.
Primage.	Capa.
Principal station.	Estación principal.
Principal track.	Vía principal.
Principle.	Principio.
Priority bonds.	Vales de prioridad.
Private account.	Cuenta particular.
Private and confidential.	Particular, privado, reservado.
Private carriage.	Coche particular.
Privateer.	Corsario.
Privately.	Privadamente, reservadamente.

Proceeds.	Producto, producido.
Procuration.	Poder.
Produce.	Productos.
Product.	Producto.
Profit.	Ganancia.
Profitableness.	Utilidad.
Proforma account.	Cuenta simulada.
Prohibition of export.	Prohibición de la exportación.
Promissory note.	Pagaré.
Promoter.	Promotor.
Property.	Propiedad.
Proportion of alloy (in money).	Cantidad de liga (en la moneda).
Proposal.	Proposición, propuesta.
Proprietor.	Propietario.
Prospectus.	Prospecto.
Protection.	Protección, acogida.
Protest.	Protesto.
Protest charges.	Gastos de protesto.
Provision dealer.	Comerciante de víveres.
Proxy.	Apoderado.
Public funds.	Fondos públicos.
Pulley.	Polea.
Purchase book.	Libro de compras.
Purchaser.	Comprador.
Purveyor to the court.	Proveedor de la Familia Real.
Qualifications.	Calidades, prendas.
Quality.	Calidad.
Quantity.	Cantidad.
Quarantine.	Cuarentena.
Quarter.	Trimestre.
Quarterly.	Trimestral(mente).
Quay.	Muelle.
Question.	Cuestión.
Quotation.	Cotización.

Rack railway.	Ferrocarril de cremallera.
Rail.	Carril, rail.
Railway carriage.	Coche de ferrocarril.
Railway line.	Linea de ferrocarril.
Railway loan.	Empréstito de ferrocarril.
Railway share.	Acción de ferrocarril.
Railway station.	Estación de ferrocarril.
Railway store.	Almacén de ferrocarril.
Railway tariff.	Tarifa de ferrocarril.
Railway time-table.	Indicador (de ferrocarriles); horario.
Rate.	Tipo.
Raw material.	Primera materia.
Rebate.	Rebaja.
Receipt.	Recibo.
Receipt in full.	Finiquito.
Receipts.	Entradas, ingresos.
Receipts of a day.	Entradas de un día.
Receiver.	Receptor.
Receiving office.	Despacho de equipajes.
Reckless selling.	Ventas al acaso.
Rectification.	Rectificación.
Redemption.	Reembolso, amortización.
Reduction.	Rebaja, reducción.
Reduction of freight.	Reducción del flete.
Reduction of passage money.	Reducción del pasaje.
Reduction of price.	Reducción del precio.
Reduction of taxes.	Reducción de los impuestos.
Reduction of value.	Reducción del valor.
Re-exportation.	Reexportación.
Reference.	Referencia.
Refunding of duty.	Devolución de derechos.
Refusal of goods.	Rechazo de mercancías.
Refusal of payment.	Resistencia al pago.
Refuse.	Desechos.
Reimbursement.	Reembolso.

Reimbursement of freight.	Reembolso del flete.
Reimportation.	Reimportación.
Release.	Liberación, exención.
Reloading.	Reembarque.
Remainder.	Resto.
Remittance.	Remesa.
Remitter.	Remitente.
Rent.	Alquiler.
Repairs.	Reparaciones.
Reply.	Respuesta, contestación.
Report.	Informe.
Reputation.	Reputación.
Request.	Ruego.
Reserve.	Reserva.
Resources.	Recursos.
Respite for payment of freight.	Plazo para el pago del flete.
Responsibility.	Responsabilidad.
Result.	Resultado.
Retail.	Al por menor.
Retail dealer.	Comerciante al por menor.
Retail sale.	Venta al por menor.
Retail trade.	Comercio al por menor.
Retailer.	Detallista.
Retirement.	Retirada.
Return freight.	Flete de vuelta.
Return passage.	Pasaje de regreso.
Return ticket.	Billete de ida y vuelta.
Revenue.	Renta.
Rider.	Añadido.
Rigging.	Aparejo.
Right of retention.	Derecho de retención.
Right of search.	Derecho de visita.
Rise.	Alza, subida.
Risk.	Riesgo.
Rival railway.	Ferrocarril competidor.

River freight.	Flete fluvial.
Rolling stock.	Material rodante.
Rudder.	Timón.
Ruinous prices.	Precios ruinosos.
Running account.	Cuenta corriente.
Safe.	Caja fuerte.
Safety signal.	Señal de seguridad.
Safety valve.	Válvula de seguridad.
Sail.	Vela.
Sail-yard.	Verga.
Sailing vessel.	Buque de vela.
Salary.	Salario, sueldo.
Sale.	Venta.
Sales book.	Libro de ventas.
Salvage.	Salvamento.
Sample.	Muestra.
Sample-book.	Muestrario.
Sample depot.	Depósito de muestras.
Saving.	Ahorro, economía.
Scarcity.	Escasez.
Scheme.	Plan, proyecto.
Schooner.	Goleta.
Screw steamer.	Vapor de hélice.
Scrip.	Vales.
Sea.	Mar.
Sea damage.	Avería.
Sea freight.	Flete.
Seaport.	Puerto del mar.
Seaworthiness.	Navegabilidad.
Seaworthy.	Marinero.
Section of a railway.	Sección de un ferrocarril.
Securities.	Valores.
Security.	Garantía, caución.
Seizure.	Embargo.

Selection.	Surtido.
Seller.	Vendedor.
Selling off.	Liquidación.
Selling price.	Precio de venta.
Sender.	Remitente.
Service.	Servicio.
Settlement.	Arreglo, ajuste, liquidación
Settling day.	Día de liquidación.
Shaft.	Arbol, eje.
Shallow.	Bajío.
Share.	Acción.
Share of freight.	Parte del flete.
Shareholder.	Accionista.
Shed.	Tinglado.
Sheet anchor.	Ancla de la esperanza.
Ship.	Buque.
Ship-broker.	Corredor de buques.
Ship's course.	Rumbo, derrota.
Shipment.	Embarque.
Shipper.	Embarcador, cargador, remitente.
Shipping.	Buques.
Shipping expenses.	Gastos de embarque.
Shipwreck.	Naufragio.
Shorthand.	Taquigrafía.
Shorthand-writer.	Taquígrafo.
Sight.	Vista.
Signal of departure.	Señal de salida.
Signature.	Firma.
Signer.	Firmante.
Single ticket.	Billete sencillo.
Single track.	Vía única.
Sinking fund.	Caja de amortización.
Situation.	Situación, posición; colocación, puesto.
Slide valve.	Válvula de corredera.
Slope.	Declive, cuesta.

Slow train.	Tren ordinario.
Sluice, lock.	Esclusa.
Smoking compartment	Departamento para fumadores.
Sole bill of exchange.	Sola de cambio.
Solicitor.	Abogado.
Solvency.	Solvencia.
Spare time.	Ratos de ocio.
Special train.	Tren especial.
Specie.	Metálico.
Specification.	Especificación.
Specimen.	Muestra.
Speculation.	Especulación.
Speculator.	Especulador.
Spring tide.	Marea viva.
Square measure.	Medida cuadrada.
Staff.	Personal.
Stamp.	Sello, timbre, estampilla.
Stamp duty.	Derecho de timbre.
Standard.	Tipo, patrón.
Starboard.	Estribor.
Statement.	Estado de cuenta.
Station.	Estación.
Steam engine.	Máquina de vapor.
Steam navigation line.	Linea de vapores.
Steam power.	Fuerza de vapor.
Stem.	Proa, roda, tajamar.
Stern.	Popa.
Stevedore.	Estivador.
Stock.	Existencias.
Stock-broker.	Corredor de cambios.
Stock-holder.	Accionista.
Stock-jobbing.	Agiotaje.
Stock on hand.	Existencias; mercancías en almacén.
Store.	Almacén.
Store book.	Libro de almacén.

Storing of goods.	Almacenaje.
Stowage.	Estiva.
Straits, difficulties.	Dificultades.
Stranding.	Encalladura.
Strike.	Huelga.
Striker.	Huelguista.
Subject to duty.	Sujeto a derechos.
Submarine.	Submarino.
Subscriber.	Suscritor, abonado.
Successor.	Sucesor.
Suggestion.	Sugestión.
Suit (at law).	Pleito, causa.
Sum.	Suma.
Summary.	Sumario, resumen.
Superannuation.	Jubilación.
Supercargo.	Sobrecargo.
Superior power.	Fuerza mayor.
Supertax.	Sobretasa.
Supplementary tickets.	Billetes suplementarios.
Supplier.	Abastecedor.
Supply.	Surtido, provisión.
Surcharge	Recargo.
Surety.	Fiador; fianza.
Surplus.	Sobrante.
Surtax.	Sobretasa.
Survey.	Inspección.
Surveyor.	Inspector.
Suspension of payment.	Suspensión de pagos.
Sweater.	Explotador.
Swindler.	Estafador.
System.	Sistema.
Table.	Cuadro; mesa.
Tare.	Tara.
Tariff.	Tarifa; (customs) arancel.

Tax.	Impuesto, contribución.
Taxation.	Imposición de contribuciones.
Telegram.	Telegrama.
Telegraph.	Telégrafo.
Telephone.	Teléfono.
Temporary bridge.	Puente provisorio.
Temporary railway.	Ferrocarril provisorio.
Tender.	Ténder; oferta.
Terms.	Condiciones.
Terminus.	Estación terminal.
Ticket.	Billete.
Ticket office.	Despacho de billetes.
Timber.	Madera.
Time of departure.	Hora de salida (partida).
Time limit.	Plazo.
Tin-lined.	Forrado de hoja de lata.
Tonnage.	Tonelaje.
Tonnage duty.	Derechos de tonelaje.
Total receipts.	Entradas totales, ingresos totales.
Total weight.	Peso total.
Towage.	Remolque.
Track (railway).	Vía.
Traction power.	Fuerza de tracción.
Trade.	Comercio.
Trade mark.	Marca de fábrica.
Trade winds; monsoon.	Vientos generales; monzón.
Tradesman.	Comerciante, mercader.
Traffic.	Tráfico.
Train.	Tren.
Tramway.	Tranvía.
Transaction.	Transacción, operación.
Transfer.	Traspaso.
Transit.	Tránsito.
Transit bond.	Certificado de tránsito.
Transit duty.	Derechos de tránsito.

Transit freight.	Flete de tránsito.
Transit goods.	Mercancías de tránsito.
Transit pass.	Certificado de tránsito.
Transit tariff.	Tarifa de tránsito.
Translation.	Traducción.
Transport insurance.	Seguro de transporte.
Travelling expenses.	Gastos de viaje.
Travelling trunk.	Maleta.
Trial.	Ensayo, prueba.
Trouble.	Molestia.
Truck.	Carretilla, furgón.
Truss.	Fardito.
Trust.	Confianza; combinación.
Trustee.	Síndico.
Tug.	Remolcador.
Turnbridge.	Puente giratorio.
Turntable.	Placa giratoria.
Typist.	Dactilógrafo, mecanógrafo.
Typewriter.	Máquina de escribir.
Unclaimed luggage.	Equipaje no reclamado.
Underground railway, tube.	Ferrocarril subterráneo.
Undersigned.	Infrascrito; abajo firmado.
Understanding.	Acuerdo, arreglo.
Undertaking.	Empresa.
Underwriter.	Asegurador.
Unsaleable.	Invendible.
Unseaworthy.	Innavegable.
Up the river.	Río arriba.
Urgent.	Urgente.
Usance.	Uso, usanza.
Vacancy.	Vacante.
Valuation.	Avalúo, valuación.
Value.	Valor.
Valve.	Válvula.

Verdict.	Veredicto, sentencia.
Vessel.	Buque.
Viaduct.	Viaducto.
Victualling (of a ship).	Abastecimiento.
Voucher.	Comprobante.
Wages.	Jornales, sueldo.
Wagon-load.	Carretada.
Waiting-room.	Sala de espera.
Warehouse.	Almacén.
Warehouse rent.	Almacenaje.
Warrant.	Certificado, resguardo.
Waste-book.	Borrador.
Water-line.	Linea de flotación.
Water-mark.	Nivel del agua; (in paper) filigrana.
Way-bill.	Boleta de expedición.
Week.	Semana.
Weekly.	Semanal(mente).
Weighing of luggage.	Pesada del equipaje.
Weight and standard of coins.	Peso y tipo normales de monedas.
Wharf.	Muelle.
Wharfage.	Derechos de muelle.
Wholesale.	Al por mayor.
Wholesale business.	Negocios al por mayor.
Wholesale dealer.	Comerciante al por mayor.
Wide gauge.	Vía ancha.
Winch crank.	Manivela.
Wire-rope railway.	Ferrocarril funicular.
Withdrawal.	Retirada.
Witness.	Testigo.
Working expenses.	Gastos de explotación.
Workmanship.	Hechura.
Workshop.	Taller.
Wreck.	Naufragio.
Wreckage.	Restos de naufragio.

Yard (of a ship).	Verga.
Year.	Año.
Yearly.	Anual(mente).
Yield.	Producto, rendimiento.

English, American and Spanish Coins, Measures and Weights. / *Monedas, Medidas y Pesos Ingleses, Americanos y Españoles.*

COINS.	MONEDAS.
£1, a pound.	Una libra (25 pesetas[31]).
10/-, a half-sovereign.	Media libra (12.50 pesetas).
5/-, a crown.	Una corona (6.25 pesetas).
2/6, a half-crown.	Media corona (3.13 pesetas).
2/-, a florin.	Un florín (2.50 pesetas).
1/-, a shilling.	Un chelín (1.25 pesetas).
6d., a sixpence.	Medio chelín (60 céntimos).
3d., a threepenny piece.	Pieza de tres peniques (30 céntimos).
1d., a penny.	Un penique (10 céntimos).
1/2d., a halfpenny.	Medio penique (5 céntimos).
$1, a dollar.	Un duro (5 pesetas).
1c., a cent.	Un centavo (5 céntimos).
25-peseta piece (£1).	Un centén.
1 dollar (4/-).	Un duro.
1 peseta (9-1/2d.).	Una peseta.
1/2 peseta (5d.).	Media peseta.
10 céntimos (1d.).	Diez céntimos.[32]
5 céntimos (1/2d.).	Cinco céntimos.

MEASURES.	MEDIDAS.
1 mile (1760 yards).	Una milla (1609.31 metros).
1 yard.	Una yarda (91.44 centímetros)
1 foot.	Un pie (30.48 centímetros)

[31] The value of the pound sterling varies, of course, according to the rate of exchange.

[32] The *10-centimos* piece is called *perro grande* or *perro gordo*, and the *5-centimos* piece, *perro chico*.

1 inch.	Una pulgada (2.54 centímetros).
1 cubic foot.	Un pie cúbico (28.315 decímetros cúbicos).
1 square foot.	Un pie cuadrado (929 centímetros cuadrados).
1 kilometre (1093.63 yards).	Un kilómetro.
1 metre (1.094 yards).	Un metro.
1 centimetre (0.393 inch).	Un centímetro.
1 millimetre (0.039 inch).	Un milímetro.
1 cubic metre (35.3 cubic feet).	Un metro cúbico.
1 square metre (1.196 square yards).	Un metro cuadrado.

WEIGHTS.	PESOS.
1 ton.	Una tonelada (1016.048 kilogramos).
1 hundredweight.	Un quintal inglés (50.80 kilogramos.)
1 pound.	Una libra (0.45 kilogramo).
1 ounce.	Una onza (28.35 gramos).
1 kilogramme (2.205 lbs.).	Un kilogramo.
1 gramme (0.002 lb.).	Un gramo.
1 metrical ton (0.98 English ton).	Una tonelada métrica.

TROY WEIGHTS.	PESOS MEDICINALES, ETC.
1 pound (16 oz.)	Una libra (373.238 gramos).
1 ounce.	Una onza (31.103 gramos).
1 grain.	Un grano (0.065 gramo).
1 gramme (15.43 grains).	Un gramo.

LIQUID MEASURES.	MEDIDAS PARA LIQUIDOS.
1 gallon.	Un galón (4.54 litros).
1 quart.	Un cuarto de galón (1.14 litros).
1 pint.	Una pinta (0.57 litro).
1 litre (1.76 pints).	Un litro.

LAND MEASURES.	MEDIDAS AGRARIAS.
1 acre.	Un acre (0.405 hectárea).
1 hectare (2.471 acres).	Una hectárea.

Printed by Libri Plureos GmbH in Hamburg,
Germany